An empirical analysis about
the relationship between
the type of university teachers
and students' study results

不同类型教师
对高校学生学业效果的影响

李　芳／著

社会科学文献出版社
SOCIAL SCIENCES ACADEMIC PRESS (CHINA)

前　言

辞别值得浓墨重书的 2012 年，中国教育发展迈入 2013 年——"后 4% 时代元年"。这一纪元，昭示着中国教育界和公众持续 20 年的 "4% 情结" 终于可以放下，也意味着新的起点和责任。大量的财政资源用于公共教育体系，公共教育需要证明自己 "当之无愧"，"质量" 将取代 "经费" 成为中国未来教育发展最重要的 "关键词"。

一方面，近年来教育领域出台了一系列的纲领性文件，从《国家中长期教育改革和发展规划纲要（2010～2020 年）》的颁布，到 "全面提高高等教育质量工作会议" 的召开，以及《全面提高高等教育质量的若干意见》的推动实施，都明确要求高等学校牢固确立人才培养在高校工作中的中心地位，着力培养信念执着、品德优良、知识丰富、本领过硬的高素质专门人才和拔尖创新人才；教师要把教学作为首要任务，不断提高教育教学水平；全面实施高校本科教学质量与教学改革工程；健全教学质量保障体系，全面提高高校人才培养质量。

另一方面，在拉动内需的客观需求以及教育产业化思潮的影响下，中国于1999年拉开了高校扩招的序幕。扩招加快了中国高等教育大众化的进程，但也有研究发现，自扩招以来，随着高等教育机会迅速增加，高等教育质量下滑的问题日益突出。高校教师作为大学教学活动的主体和中心，是教育生产过程中最重要的投入要素，对高等教育质量有着至关重要的影响。

学生数量的快速增加使得高校师资的短缺问题日益突出，师生比持续走低，有的省份个别学校甚至超过了1∶40。加大投入、增加师资等一系列手段陆续实施，许多刚刚毕业的研究生走上讲台，成为本科教学的重要力量。与此同时，很多高校为弥补师资的严重短缺，除了采取增加在职教师的工作量、扩大班级规模等措施之外，还采取了从校外聘请代课教师、起用在读研究生为本科生授课等多种手段。随着这些弥补师资短缺措施的常态化，一支以在编教师为主、研究生教师和外聘教师并存的多元化师资队伍正在各高校稳步发展。利用非实验数据开展实证研究，深入探讨不同类型大学教师对学生学业效果的影响十分必要。

构建基于评估的教育问责制是提高教育质量的重要手段。教育部袁贵仁部长讲道："评估这件事情特别特别重要，评估非常非常重要，评估是天大的事。"完善的教育评估体系，不仅包含宏观层面行政部门对学校的评估，而且包含微观层面学校对教师的评估。而学校对教师的评估和问责，与学生的教育过程联系更加直接。

为了应对高等教育质量的挑战，教育部于2004年建立高等教育教学评估中心，开始了五年一轮的教学评估。经过近十年来的不断完善，教育行政部门对高校的教学评估已经从早期的摸索走到了今日的初见成效，但是高校内部对教师的教学评估和问责却鲜见重大变革。教师教学评估和问责已是国外教育经济学术研究和政策研究的重要内容，国内关于高校教师教学评估的实证研究尚属空白。受益于某高校英语课程随机分班数据，本书得以解决困扰教师增值评估中的"Rothstein 批判"，利用大学新生英语课程随机分班构建的准实验设计，估计英语教师短期、中期乃至长期的影响，从多个视角探寻不同类型的大学教师对学生学业的影响。

研究发现，英语教师影响存在明显的挥发性，但是其短期和中长期影响是一致的，"为考试而教"与"为知识而教"长短期影响的不一致性在语言类课程中并不明显。从不同类别的教师增值评估来看，讲师的教学效果最差；外聘教师的教学效果最好；研究生教学虽然有着不错的短期效果，但是长期效果差。最后，本书从改善大学教学质量的视角给出些许思考。

人才培养，事大如天；教学改革，任重道远。

通往未来的路很长，我们所进行的教育教学改革和人事制度改革就如同在学生们成长途中的铺路石，我们提供的基石坚固一些，他们离自己的理想就近一些；我们铺就的道路宽广一些，他们取得成功的概率就大一些。

人才培养是基石，教育改革是手段，只有不断地探索和创新才能使我们的教育教学改革不断深化，才能保证高等教育的质量止跌回升。探索需要理论基础，创新需要实践支持，唯有通过实证分析还原现实的真实状况，才能为科学的改革保驾护航。无数教育前辈和同人不辞劳苦，不惧艰辛，倾尽所有心血捍卫的，不仅是各自学校的荣誉、学生的明天，而且是高等教育和中国的未来。

继往开来，我们豪情满怀，因为一路有诸多同人同行，共担风雨，所以我们无惧失败；审时度势，我们任重道远，因为改革的路上机会稍纵即逝，不允许我们有丝毫的迟疑与等待。

使命在肩上，责任在心中，道路在脚下，就让我们一起出发，朝着心中的未来风雨兼程，用每一个音符谱写中国高等教育的华美乐章。

目 录

第1章 绪论

1.1 问题的提出

随着经济社会的发展，人民群众对高等教育的需求日益迫切。党中央、国务院于 1999 年 6 月召开了全国第三次教育工作会议，江泽民总书记在会上提出，"要大力发展高等教育，尽可能满足人民群众上大学的需求"，正式拉开中国高校扩招的序幕。从 1999 年起到 2006 年止，前后共 8 年之久，高校招生数从 1998 年的 108.4 万人发展到 2006 年的 530 万人，增长了 300% 以上，尤其是 1999 年和 2000 年高校招生增长率分别为 47.3% 和 38.2%，8 年平均增长率为 22.5%。学生数量的快速增加使得师资的短缺问题日益突出，生师比一度走高，有的学校甚至高达 30∶1 以上。中央和地方教育主管部门以及各高等院校都在积极筹划应对师资不足的问题，停止扩招、加大投入、增加师资等一系列措施陆续实施。

扩招带来的师资不足和高校教师聘用制度的改革，使很多高校除了采取增加在职教师的工作量、扩大授课班级规模等措施之外，还普遍采取了从校外聘请教师、起用在读研究生为本科生授课等多种手段。这些做法在一定程度上缓解了师资的短缺问题，同时也为校外代课教师和在读研究生提供了工作和锻炼的机会，得到了教育主管部门的默许。一些学校还把研究生为本科生授课作为研究生人才培养的一种实践环节，列入培养模式，成为同辈教育的经典案例。随着以上措施的常态化实施，一支在编教师、研究生教师、外聘教师并存的多元化师资队伍正在各高校稳步发展并逐渐引起社会的关注。

高校教师聘任的多元化在其他国家也存在。美国国家教育统计中心的数据显示，从 20 世纪 80 年代中后期开始越来越多的大学开始使用外聘兼职教师，2003 年兼职教师比例已经占到大学教师的44%[1]。各界对大学大量使用兼职教师的争议很大，未有定论。批评者认为，兼职教师普遍缺乏博士学位，导致教学质量下滑和辍学率上升（Bettinger & long，2009；Ehrenberg，2005）；支持者则认为，私人部门的工作经验以及从事教学工作的专业化使得代课教师可以增强学生的学习体验，与此同时，正式教师又可以集中精力从事科研工作以提高学院的产出（Leslie & Gappa，1995；Autor，2001），可谓一箭双雕。

随着事业单位改革的推进，中国高等院校教职员工聘用方式

---

[1]　Forrest Cataldi, Emily, Mansour Fahimi, and Ellen M. Bradburn, 2004 National Study of Postsecondary Faculty（NSOPF：04）Report on Faculty and Instructional Staff in Fall 2003, Washington, DC：National Center of Education Statistics, 2005.

的改革也在悄然兴起，人事代理制度正在各高校逐步推广实施，合同制聘用和短期临时聘用等用人方式在高校普遍实行。早在2004 年教育部办公厅印发的《普通高等学校本科教学工作水平评估方案（试行)》(教育部教发［2004］21 号文)中就可以发现对此问题的相关规定。普通高等学校基本办学条件指标测算办法中，关于教师数量的计算有这样的表述："聘请校外教师经折算后计入教师总数，原则上聘请校外教师数不超过专任教师总数的四分之一"，"教师总数 = 专任教师数 + 聘请校外教师数 × 0.5"。由此可知，从校外聘请任课教师的做法在中国高校中已经具有一定的普遍性。

作者在某高校教务处工作多年，先后在学校评建办公室（从事本科教学水平评估相关工作)、教学管理科、教学研究科和教师教学发展中心工作，从不同的角度关注教师队伍多元化的问题。在评建办公室撰写自评报告的时候，了解到学生数量的增长造成师资的短缺，生师比指标的计算让作者发现以在编教师数量的统计口径不能满足教育部相关指标的要求，同时也发现外聘教师和研究生教师已经具备了一定的数量规模，并且在本科生教学中发挥着不可忽视的作用。在教学管理科负责本科教学运行期间，作者发现，学校多次出现仅仅由在编教师从事教学无法保证教学计划完成的情况，最终都是依靠外聘教师和研究生教师才使教学任务得以落实。在教学研究科工作期间，作者开始撰写本科教学质量报告，起初该报告只是需要提交给地方教育主管部门（北京市教育委员会)，但近年来随着我国高等教育步入提高教育质量，促进教育公平的新阶段，"质量"成为高等教育发展的关键词，教育部也从 211 高校开始试点，要求每年提交本科教学质量报告。与此同时，作者也注意到，国家先后颁布的《国家中长期教育改革和发展规划纲要 (2010～2020 年)》和《关于全面提高高等教育质量的若干意见》(高教三十条) 中都明确提出了提高高等教育质量和人才培养质量的要求。在教师教学发展中心的工作经历使得作者对教师的教学效果有了更加全面和深刻的体验。

国内外高校教师聘用方式多元的实践和工作经历，促使作者思考：不同聘用类型的教师是否会对学生的学业效果产生不同的影响？在编教师中具有高级职称的教师和以讲师为代表的中青年教师之间是否在教学效果上有所不同？解答这些问题，对优化高校教师结构、提高高等教育质量和效率有着重要价值。但是，文献检索表明，在中国，这些问题的实证研究还是空白。基于这样的认识，作者将上述问题作为研究内容。

1.2　研究目标

本研究的研究目标是，通过实证分析，发现不同聘用方式的高校教师和同为编制内但职称不同的高校教师，对学生学习效果的影响差异。理想的研究目标是，通过大量的不同类型教师与学生学业效果关系的实际数据，运用合适的计量方法，得到可靠的结论。但是，我国高校还很少有系统的不同类型教师与学生学习效果关系的数据，目前尚不具备运用大数据进行研究的条件。

作者所在的高校 A 大学，在公共英语教学管理中，积累了丰富的不同类型教师与学生英语学习效果关系的数据。因此，作者使用 A 大学公共英语教师与学生学习效果关系的数据，计量不同聘用类型的教师和同为编制内但职称不同的教师，对学生英语学习效果的影响。

从聘用方式考察，A 大学公共英语教师有全职在编教师、本校在读硕士教师、外聘教师和外籍教师四类，这几类教师除了年龄、职称、学历等特征的差异之外，主要区别在于其与学校之间的人事关系有着很大的不同。在实际的教学管理过程中，全职在编教师的人事关系隶属于学校管理，一般情况下不会被辞退，具有很强的稳定性。而后三类任课教师的首次聘用则存在着一定的差异：本校在读硕士教师通常来说是成绩优秀且各方面表现突出的在校研究生，一般是在导师推荐的基础上经过开课学院考核方可承担教学任务；外聘教师通常是通过全职在编教师引荐，由开课学院面谈之后安排授课任务；外籍教师则是由开课学院联合国际处共同引进的授课教师，但由于外籍教师的数量较少，不具有代表性，因此，本研究主要考察前三类教师对学生学业效果的影响。在这三类教师中，全职在编教师按照不同的职称标准获取课酬，同时享受国家和学校的各项岗位工资及补贴；本校在读硕士研究生的课酬标准完全统一，按照授课课时的多少按月进行结算；外聘教师的课酬则是根据该教师的资质、学历、职称等因素综合确定，按时计酬，按月支付。需要特别说明的是，后两类任课教师的后续聘用通常是根据其在前一轮授课过程中的表现来决定的。授课表现包括学生的课程成绩和学生对其进行的教学评价。

同时，《中国高校青年教师调查报告》显示，我国高校40岁以下的中青年教师所面临的教学、科研和经济压力较大，导致具有高级职称的教师和以讲师为代表的中青年教师虽然同处在编教师群体，但在教学过程中存在比较明显的不同。

综合以上因素，作者将任课教师分为在编副教授、在编讲师、外聘教师和本校在读研究生四个类型，开展教师类型与学生学业效果的实证研究。

1.3 研究方法

1. 文献研究法

作者查阅万方、同方、维普等期刊数据库，共收录用增值性评价方法研究教师因素对学生学业发展的成果112篇，其中国外参考文献59篇，国内参考文献53篇，并对上述资料研究成果从研究内容、方法与技术、研究结论三个维度进行了或细致或粗略的研读、梳理和概括，使得作者对国内外教育生产函数的研究历史，增值性评价的理论、内涵与方法技术以及国内对此问题的研究现状有了较清楚的认识，为全面理解和把握相关问题提供了有益借鉴，同时为本书奠定了丰厚的理论基础。

2. 定量分析法

数量分析是实证研究的核心内容。在文献研究的基础上，作者以大量现实数据为研究对象，通过归纳和梳理发现样本与数据的特征。根据需要解决的现实问题和数据特征，选择在教育生产函数的框架下运用教育增值法开展实证研究，由于本书的数据符合严格的师生匹配随机性假设，所以，本书最终构建了在估计上更加有效的随机效应模型进行定量分析。在整个定量分析中采用数据分析、设立假设、构建模型和分析比较等多种分析手段，对问题进行深入研究。

3. 经验总结法

为了使规范的学术研究和现实更好地有机融合，本书从作者的实际工作思考和工作经验出发，对样本和数据进行了详细的描述和总结，对计量结果、研究结论及其原因也进行了来自教学实践的细致解释，更好地强化了理论模型对现实的指导作用。经验总结法的运用使得实证分析更加贴近实际，一方面，有助于读者更好地了解研究背景和现实状况；另一方面，也使本书的结论更加具有针对性和现实意义。

1.4 本书框架

本书从两个不同的角度研究教师类型对学生学业发展的影响。一个角度是以学生学习的客观结果，即学生学业成绩作为考察对象；另一个角度是以学生学习过程的个人感受，即学生对教师的主观评价作为考察对象。通过"结果＋过程""客观＋主观"的双维度来测量教师类型对学生学业效果的影响。具体研究步骤如下：

第 1 章是绪论。该部分通过研究背景分析，结合作者工作经历的思考，提出研究问题，从研究目标、研究方法两个方面构建研究框架。

第 2 章是文献综述部分。作者从研究溯源、教师要素对学生学业效果的影响、相关实证研究的计量方法综述、已有成果对本书的启示这四个方面入手，对相关问题的研究文献进行回顾和梳理，进行总结和评述，探讨已有研究所采用的方法、技术以及得出的结论对本书的启示。

第 3 章是实证研究样本与研究设计部分的介绍。本部分先通过统计性描述对样本学校的基本情况和研究样本进行介绍，然后从样本选择、随机性检验和模型设定三个方面介绍本书的实证研究设计。

第 4 章基于学生成绩数据，计量教师类型对学生学业效果的影响效应。本部分从教师个体和教师类型两个层面研究短期、中期和长期对学生学业效果的影响。通过构建的随机效应模型，将不同类型教师所教授大学英语精读（一）课程的成绩作为短期学业效果的考察指标；运用学生修读后续课程的成绩作为中期测量指标；将参加大学生英语四级考试的成绩作为长期效应的考察指标，测量不同类型教师的对学生学业成绩的增值状况，从而回答教师类型对学生学业成绩是否有影响以及如何影响的问题。

第 5 章基于学生评教数据，分析教师类型在学生学习过程的影响效应。本章从不同类型教师所获的评教总分和各指标得分情况进行衡量。另外，结合第 4 章的学生学业成绩对学生评教结果进行再分析，在考察不同类型教师所获学生评价的同时，分析比较学生学业成绩和学生评教成绩两种评价方式的特点和异同。

第 6 章基于本书得到的结论及其原因,给出相关的政策建议。针对研究发现的几个问题及原因,从加强分类指导、实施教师问责和推进高校人事制度改革三个方面给出切实可行的政策建议。

第2章 教师与学生学业效果关系研究综述

2.1 研究溯源

教育生产函数作为衡量教育投入与教育产出之间数量关系的一种方法，通常是通过构建教育投入与产出关系模型，利用一定数量的实测数据估计和测算各种投入变量在教育进行过程中对教育产出的边际影响，研究的重点是各种教育投入与教育产出之间的统计关系，在具体应用中，主要用来考察教育生产效率问题。研究教育生产函数的相关文献，都是将学生在学校接受教育的过程比拟为企业的生产过程，而学生的成绩则如同企业生产的产品一样作为学校各种投入—产出的结果进行衡量。这些文献都有着相同的、非常明确的关注点，即将学校的各种投入因素作为影响学生成绩的解释变量。如果通过研究这些教育生产函数能够较为明确地、稳定地揭示出教育投入与教育产出之间的关系，那么对于教育政策的制定就具有重要的意义。教育资源投入与学生学业效果的关系是各国制订教育政策、确立教育教学改革方向的重要基础，也是教育经济学界讨论的热点问题。教师作为教育资源投入中的重要因素之一，其与学生学业效果的关系更是很多教育主管机构和院校关注的重要问题。

进入工业文明后，学校正规教育所蕴含的人力资本价值潜力得到了充分体现，教育过程也被纳入"经济学帝国主义"的研究版图。虽然学业成绩只是学校正规教育若干目标中的一项，却是可以精确度量的最重要目标，经济学对于学校教育产出的关注主要集中于学业成绩（Bishop，2006）。对该问题的相关研究最早可以追溯到 20 世纪 60 年代，1966 年，美国科尔曼（Coleman）等人在其《公平的教育机会》一文中，就开始研究教师对于学生的作用，《科尔曼报告》（*Coleman Report*）开了教育产出（Educational Production Function，EPF）的实证研究之先河，即教师投入和学生成就之间的关系，使得关于影响学生学业成绩差异的因素分析引起学术界广泛的争议。在此之后不久，英国也发布了颇具影响力的《布劳登报告》（*Plowden Report*）。这两个报告的研究结果都得出了一个共同的结论：公立学校的资源性投入对在校学生的学业差异几乎没有产生什么影响。该研究结果的公布在当时的西方社会引起了很大轰动，在一定程度上动摇了许多教育政策的基础，人们开始质疑各种各样的教育投入到底对学生的学业成绩产生了什么样的影响，并由此掀起了一场在公立教育机构"花钱是否管用"（does money matters）的大讨论，这场讨论旷日持久，激发了成百上千的针对学生成绩决定因素的研究（Hanushek & Rivkin，2006）。

在探寻学校投入和产出之间的联系时，通过施加几何递减、加性可分、学业成绩测试等距等必要但存在争议的假定（Figlio et al. , 1999; Harris & Sass, 2011），教育生产函数已经成为研究教育生产过程的标准范式。

教育生产函数为学生学业成绩产出提供了一个包含学生个人能力和努力程度、家庭背景、学校投入以及同伴效应的完整分析框架。为了避免学生以及家庭不可观测因素可能造成的估计偏误，教育生产函数中加入了上一期学生的学业成绩，这种设定形式被称为采用增值设定的教育生产函数，也称教育增值模型。早期的教育生产研究关注"外在因素"，比如经费投入、设备、班级规模、生师比、教师学历和经验等。然而，随着西方发达国家教育经费投入的提高、学校办学条件的不断改善和校际间"外在因素"差异的缩小，学校间乃至班级间的教育产出依然存在巨大差异。教育经济学家开始意识到，教育生产函数中的"投入有效使用"假定并不成立，一些学校或班级层面的"内在因素"会影响到教育投入的有效使用。在实施教育问责的政策诉求下，通过在教育增值模型中加入学校或者教师哑变量，教育增值模型成为教育评估的重要工具。

在美国，有关学校投入变量对学业成绩影响的研究非常多。汉纳谢克（Hanushek）和克鲁格（Krueger）成为教育经济学领域就此问题展开争论的典型代表，他们的研究集中反映了众多教育经济学学者对"学校是否重要"这一主题的不同观点。以汉纳谢克为代表的"学校无用论"的广大学者认为，学校资源投入和学生学业表现之间并不存在较强的稳固关系。1989 年，汉纳谢克对美国的 187 项有关教育生产函数的研究结果进行了系统分析，发现生师比、生均开支、教师工资、教师工龄、教师受教育程度、管理、设备等投入因素与学生学业成绩之间的关系并不确定，最终得出"在学校资源和学生学业成绩之间不存在强有力的自始至终的联系"的结论。同时，以克鲁格为代表的"学校有用论"的研究者则发现，学校支出的有效增加可以提高学生的学业成绩，这些研究认为，学校经费要素与学生学业成绩之间存在着一定的关系。20 世纪 90 年代中期，海吉斯（Hedges）等人运用"元分析"法对汉纳谢克的研究过程提出质疑，并进行了重新分析。研究结果表明：当生均费用每提高10% 时，学生的学业成绩就会提高一个标准差的 2/3。蒙克（Menk）所进行的研究也表明，在控制家庭背景因素之后，学校投入要素会对教育产出产生非常大的影响。威尔兹（Wales）等人还对拉美国家的情况进行相关研究，结果证实，教师教龄、受教育年限和教育专业知识等教师因素对学校产出具有显著的正影响。科锐摩斯（Creemers）与芮兹吉（Reezigt）1997 年根据英国和其他西方国家的数据分析认为，10% ~20% 的学生成绩差异受到学校因素的影响。

相关研究在发达国家起源并且发展较快，已经成为相对成熟的研究领域，然而，受实测数据和计量方法所限，采用教育生产函数的分析框架在中国进行的类似实证研究并不多。

蒋鸣和在 2000 年利用县级数据对升学率进行了方差分析，研究发现，教师学历、设备条件和校舍等教育投入与学生的学业成绩存在显著的相关关系，但是公用经费和生均经费与学业产出之间弱相关。该研究所采用的模型里没有引入与学生个人特质和家庭经济状况有关的控制变量，并非严格意义上的教育生产函数方法。

安雪慧 2005 年采用最小二乘法（GLS）依据甘肃农村的调查数据研究小学生学业成绩的影响因素，其研究结果显示，教师工资和学历有着比较显著的影响，而教师工作年限、出生村落和教师性别的影响并不显著。安雪慧所进行的简单多元回归分析中并没有考虑班级或同龄群体之间的"同伴效应"，也没有对学生学习基础和学习能力进行控制。

马晓强等人在 2006 年利用河北省保定市的高中数据进行了一个比较成熟的教育生产函数研究，对学校效能进行了增值评价，研究发现，高考分数的校际差异可以用中考成绩解释其中的60%，大约 20% 的差异是由不同学校之间的教育教学差异引起的。与安雪慧所进行的上述研究相比，马晓强等人的研究改善了模型设定和计量方法：将中考成绩作为控制学生学习基础和学习能力的控制变量，并采用多层线性模型（HLM）方法分析自变量层次不同的问题。但研究中学校投入变量数据相对缺失，含19 个变量的学校背景调查数据在 90 所样本学校中只有 27 个学校有，学校层面的数据只是生成等级变量，班级和同龄群体层次的变量也相对不足。

薛海平和闵维方 2008 年通过构建学校—班级—学生三层线性模型研究甘肃农村的调查数据，研究结果表明，学校投入变量对学生学业的影响超过 30%，但学校生均公用经费变量为负相关。该模型中学业成绩的影响变量相对比较完备，但由于班级中包含的学生样本数较少，导致变量的分层存在一定的问题，使得分离出学校投入变量对学业成绩的影响效应变得更加困难。

孙志军和刘泽云等人 2009 年利用"甘肃儿童与家庭调查"（GSCF）项目数据库中 20 个县的小学儿童数据，构建了一个包含学校特征、家庭特征和个体特征变量的计量模型，并在模型中引入学校与家庭变量的交互项，同时控制家庭教育投入因素和儿童个体学习努力程度等变量可能造成的估计偏差。研究发现，家庭因素中的家庭收入、父母教育水平，以及衡量学校质量的几个指标与儿童学业成绩之间都存在显著的正向关系。该研究以考察家庭背景与儿童成绩的关系为核心，关注学校的投入对于不同家庭背景的儿童成绩的不同价值，是将学校教育生产函数、家庭决策模型以及家庭与学校相互作用模型的一次综合运用。

从传统上看，相关研究的发展是一个多学科、多领域相互交融与促进的过程，理论与技术的进步有力地推动了相关研究的发展。早期的相关研究主要选择在某一单一层面（学生或学校层面）构建教育生产函数模型。研究者将受教育水平、工作经验、测试成绩等各种可测的教师因素及其交互项共同放入一个生产函数模型中，进而考察这些可测教师特征的指标与学生学业成绩之间的关系。这些研究主要沿着两个方面展开：一方面基于学校教育生产函数模型，着重考察各种学校投入因素与学生学业成绩之间的关系；另一方面则侧重于考察家庭投入因素对学生学业成绩的影响。然而，这两个方面研究所得到的结果却并不相同：在衡量家庭投入因素与学生学业成绩的关系上，研究结论一致认为，父母教育水平、家庭收入水平和家庭社会经济地位对学生学业成绩有比较明显的影响；但是，与家庭因素影响不同的是，学校投入因素与学生学业成绩之间并不存在一致的、稳定的结论，研究者所得到的结论并不能有力地证明教师等学校因素在促进学生学业进步中发挥了重要作用。

尽管研究中出现了如此争议，然而没有人可以否认教师因素在教育生产中所发挥的重要作用，同时也激发了学者对此问题的研究更加持久和深入，也使得这方面的实证研究更有价值。科尔曼（Coleman）和布劳登（Plowden）的研究和结论激发了为广大教育理论工作者开展教师等学校因素有效性研究的兴趣和动力，从而出现了更多围绕教师对学生学业成就所产生影响的相关研究成果。这些研究大致可以分为两类：一类侧重于研究教师等学校要素对于学生学业成就是否重要，研究认为，单独教师因素似乎对学生学业成就的差异解释贡献并不大，但教师整体因素的共同差异比较明显，建议采用更加先进和完善的方式量化教师要素对学生学业成就的总体影响；另一类研究则侧重于在肯定教师因素的前提下如何促进教师在学生学业发展中所能发挥的作用，该分支的研究者利用数量模型剖析各种教师特征指标和学校激励机制等与学生学业成就之间的具体关系。虽然这两类研究各有侧重，但实质上是相互促进，交互发展的。

教师是学校教育第一线的工作者，政府官员以及社会民众都非常关注教师在学生学业发展中所发挥的作用，期望通过教师教学水平的提高来实现教育发展的目标。自 20 世纪 60 年代以来，教育经济学家就基于教育生产函数中的投入—产出理论，将教师因素作为教育生产中的投入要素，结合学生取得的学业成就展开相关实证研究，期望通过精密化、数量化、系统化的分析，为教师队伍建设和教学水平提升提供更具科学依据和操作性的决策信息。

2.2　教师要素对学生学业效果的影响

教师作为塑造灵魂、传授知识和培养能力的专门群体，在学生的学业进步和成长发展中发挥着重要的作用，因此也成为国家人力资源中最庞大的从业群体之一。其工资收入同时也占据国家财政支出的相当比重。然而，在以科尔曼为代表的学者们所进行的实证研究中，政府和民众却无法找出能够对此有所回应的计量结论。因此，根据实测数据通过实证分析发现教师要素对学生学业发展产生影响就成为深入开展相关研究的推动力。同时，随着教育增值理论和多水平计量模型的不断完善，各种计量软件的广泛应用以及大规模数据库的有效建立，使早期困扰教育生产函数模型的很多问题逐步得以解决，研究教师因素对学生学业发展影响的实际效应成为可能。

汉纳谢克（Hanushek，1992）及其他研究者（Nye et al.，2004；Rowan et al.，1997；Horn & Sanders，1997）均研究了教师对于学生产生的积极作用，通过更精确的教育研究来分析教师特质与学生成就之间的关系，得出了共同结论，即学生在一年之内的成就大多来自其老师的影响。学生跟着一个坏老师或好老师几年之后，差异特别显著，其影响甚至延续到其毕业以后①。

宾夕法尼亚大学的罗恩（Rowan）教授在控制学校层面和学生个体层面变量的基础上，通过构建多水平增值性模型进行衡量并得出结论：对小学生的语文和数学成绩而言，教师的影响效应非常显著，分别达 0.60 ~ 0.61 和 0.52 ~ 0.72。

20 世纪 90 年代初美国的田纳西州就建立了一套沿用至今的教育增值性评价系统（TVAAS），这套评价系统重点研究教师因素对学生学业成绩的影响，长期的研究结果验证了教师因素对促进学生学业成绩的重要作用。

威廉、桑德斯和琼（William L.，Sanders & June C. Rivers）等人的研究显示，学生学业成绩的 50% 以上来源于教师因素，而且教师对学生学业成绩的影响是有累积性的。该研究还发现，随着教师效力的增加，成绩最差的学生最先受益，在所有有成就的学生当中，有 1/5 来源于教师的推动②。

当教师因素对学生学业发展影响的重要性被证实之后，研究者又开始关注这种影响的累积性效应是否显著。这里所说的累积性是指，当其他教育投入要素相同的时候，长期接受不同有效性教师教授的学生之间的学业成绩差距是一种非线性的增加，而且随着教授时间的增加，这种差距逐渐增大。

---

① Francis L. Huang, Tonya R. Moon, "Is Experience the Best Teacher ? A Multilevel Analysis of Teacher Characteristics and Student Achievement in Low Performing Schools," Educ Asse Eval Acc (2009) 21: 209 – 234.

② William L., Sanders & June C. Rivers, "Cumulative and Residual Effects of Teachers on Future Student Academic Achievement," University of Tennessee Value-Added Research and Assessment Center.

　　桑德斯（Sanders）和里弗斯（Rivers）1996 年对教师影响的累积性效应问题进行了专门的研究，他们首先根据有效性指标的得分把教师分为五个等级，然后控制学生的家庭背景和初试成绩等非教师因素，考查学生在三、四、五年级连续三年分别接受最高和最低等级教师授课之后的平均成绩，结果显示，由最高等级教师授课的学生的平均成绩处于所有样本中的 83 分位数点，而由最低等级教师授课的学生的平均成绩位于 19 分位数点，两者之间的差距比直接累加三年的影响效应要大得多。由此可以认为，教师因素对学生学业发展的影响比估计值还要大很多，这种长期产生的累计性影响对学生的学业发展更加重要。

　　斯皮罗斯（Spyros）的研究结果同样表明，教师对学生学业成绩的影响是长期存在的，例如在学生处于小学低年级时，教师因素的影响会长达三年，而且影响程度很大。研究同时发现，教师因素对学生学业成绩的影响在阅读方面比在数学方面要更加显著[①]。

　　众所周知，传授知识、提升能力是学校教育最重要的目标，因此，教师在此目标的实现过程中所发挥的作用就可以作为反映教师教学质量和教师水平的一个有效衡量指标。教师所从事的教学工作是一项十分复杂的脑力劳动，同时也是一个相当复杂的培养过程，因此，教师在此过程中所体现的各种能力、素养和表现对教育目标的实现程度都有不同的影响过程和效应。总体来说，教师要素中对学生学业发展产生影响的变量大致分为身份特征、

---

　　① Spyros Konstantoponlos, "How Long do Teacher Effects Persist," IZA DP, No. 2893.

人力资本特征和教学投入特征三个方面，本节将围绕这几个方面对已有文献和研究成果进行综述和梳理。

2.2.1 教师的身份特征变量

这里所说的教师身份特征是指教师的性别、种族、年龄、民族等不可改变的特性。我们注意到，在相关学者对教育生产过程所进行的早期研究中，大多数都只是把教师的身份特征作为控制变量，并没有特别考虑其与教师质量之间存在什么样的关系。然而自 20 世纪 90 年代以来，有研究发现，在其他条件得以有效控制之后，学生的种族、性别因素在学业成绩中存在较大的差异。鉴于此，有研究者提出了教师和学生在种族、性别上的不同匹配可能会引起学生学业成绩差异的假设，并据此假设就教师各种身份特征与学生学业成绩之间的关系问题进行了一系列深入的研究。

艾伦伯克（Enrenberg）等人 1988 年利用美国教育长期调研数据（National Educational Longitudinal Study，NELS）研究了教师和学生在宗教信仰、种族和性别上的匹配交互影响。研究者提出"师生在种族和性别上的匹配会给学生带来更大的学业产出"的假设，把学生按照种族和性别的组合进行分组，然后基于历史、数学、科学和阅读四门课程的实测进步成绩，以成绩增值建立独立模型，但分析研究并未让假设得以证实。研究者又做了进一步的验证，将上述四门课程的教师对学生在学业上的期望作为产出变量，选取另一年级构建同样的独立模型，结果显示，同种族和性别的教师对学生期望较高，研究假设得到了有效的证实，并由此得出结论：教师的身份特征本身对学生的学业成绩不会产生影响，但师生之间在种族和性别上的匹配情况则会一定程度地影响学生的学业产出。

迪（Dee）在 2004 年利用美国田纳西州的 STAR 数据库，用多元线性回归的方法研究师生种族匹配问题对学生学业进步的影响，通过系统研究得出结论：少数裔的教师对少数裔的学生的学业进步存在正向影响，但与此同时不能忽视的是，招聘少数裔教师可能会给非少数裔学生的学业进步带来负向影响。2005 年，迪用全国教育长期调研数据库又一次进行了类似研究，通过构建 Logit 回归模型研究师生间种族和性别的匹配状况与学生学业产出的关系，最后得出的结论是，这种匹配能产生较高的教师对学生学业的期望，进而对学生的学业成绩产生影响。

阿梅穆勒（Ammermüller）在 2006 年将 FIRLS 和 TIMSS 的数据库作为数据来源，以英美两国四年级和八年级的学生为样本，研究了师生性别匹配因素对学生学业效果的影响。研究结果显示，随着学生所在年级的增高，师生性别匹配因素对学生学业产出的影响逐渐显著。

查德格和桑卡（Chudgar Annta & Sankar Vyjayanthi，2008）的研究显示，男女教师在实施教学管理和对学生学习能力的认识上存在差异，女教师所在班级学生的语言能力高于其数学能力。

以上研究表明，相关文献在教师身份特征本身对学生学业效果的影响问题上并没有得到一致的结论，但教师与学生身份特征的匹配确实会对学生的学业效果产生影响。

2.2.2　教师的人力资本特征变量

在已有的文献和研究成果中，教师的人力资本特征通常被认为是对学生学业发展影响较显著的因素。这里所说的人力资本特征，一般聚焦在教师学历水平、工作经验、资格认证和在职培训四个方面。研究者普遍认为，这四个方面是教师质量和教学水平的显著影响因素，也是各学校和教育主管部门进行教师招聘、培养以及日常教学管理的重点内容。

1. 教师学历水平

教师的学历水平易于考察，因此在现实中毫无争议地成为教师招聘及确定其薪资水平过程的一个重要参考指标。在美国，用于提高教师整体受教育水平的经费在整个教育投入中占有相当大的比重，由此可见，教师学历水平与教学质量之间被认为存在着较显著的正相关关系。然而对此问题的实证研究证明事实并非如此。

汉纳谢克早在 1986 年就对 106 个相关研究进行了元分析，他发现，在这些相关研究中仅有 11 个（大约占所有研究样本的10%）支持教师学历与学生学业成绩之间的显著相关关系，同时还有 5 个研究表现出显著的负相关关系。因此，他认为教师的学历水平与学生的学业发展之间无显著关系。

高尔德哈伯（Goldhaber）和布鲁尔（Brewer）1997 年对整体模型研究未发现教师学历与学生学业进步之间显著相关，但通过将教师教授课程与其学历科目的匹配程度引入整体模型，并对英语、数学、科学和历史课程建立单独的师生匹配状况数据库和独立的模型之后，发现在数学和科学这两个学科中，教师所获得的本科及以上学历与教授科目相同时，能明显促进学生成绩的提升，硕士及以上学历对学生同一课程成绩的提升作用更加显著。

关于此问题，也有不少类似的研究结果。库珀（Cooper）和柯亨（Cohn）利用随机边界估计方法进行的研究发现，教师所拥有的硕士学位对学生的学业产出有显著的促进作用，其他学位对学生学业产出的影响却并不显著。克鲁格（Krueger）与杜威（Dewey）等人的研究发现，教师所拥有的学历对学生学业成绩的影响不显著。希瑟（Heather）等人的研究发现，学生的成绩与教师的数学知识相关，故要想提高学生的学业成绩，就需要提高教师的数学水平[1]。梅茨勒（Metzler）认为教师专业性对于学生数学成绩的影响大，而对其阅读成绩的影响较小[2]。

罗恩等人 1997 年基于与高尔德哈伯和布鲁尔的研究中相同的数据库分析了教师所拥有的学历水平与学生学业产出之间的相关关系，与高尔德哈伯和布鲁尔的研究所不同的是，罗恩等人建立的是学校和学生两个层面的双水平模型。研究发现，不仅数学教师所获得的数学学历水平与所教学生的数学成绩显著正相关，而且数学教师在大学数学考试中取得的成绩越高，其所教授的学生的数学成绩也越高。

---

[1]　Heather C. Hill, Brian Rowan & Deborah Loewenberg Ball, "Effects of Teacher's Mathematical Knowledge for Teaching on Student Achievement," *American Educational Research Journal*, Summer 2005, Vol. 42, No. 2, pp. 371 – 406.

[2]　Metzler Johanners, Woessmann Ludger, "The Impact of Teacher Subject Knowledge on Student Achievement: Evidence from Within-Teacher, Within-Student Variation," *Journal of Development Economics*, 90. 2（Nov. 2012）.

随着计量模型和分析软件的不断更新和优化，研究者通过拓宽和完善指标等手段得到的研究结论也更具价值。

韦恩（Wayne）和扬斯（Youngs）2003 年回顾和梳理了 20 世纪 70～90 年代的关于教师学历水平与学生学业产出的 12 项研究结果，发现其中的 8 项研究都没有显著性结论，在得到显著相关关系的其余 4 项研究中，有 3 项都为显著负相关。对此，韦恩和扬斯所做的解释是，早期研究所利用的数据库中关于教师学历水平的指标比较笼统，既不能反映教师所获学历的学科与其所教授课程科目的关系，也不能体现出教师所接受教育的具体水平，这就在一定程度上造成了衡量教师学历水平对学生学业产出影响的困难。

库克拉（Kukla）2009 年通过引入教师在大学学习期间的总成绩、数学类课程的成绩和学习时间以及数学教育方法课程的成绩和学习时间等因素，同时根据学生的种族、家庭经济水平和学业成绩将研究样本分为六个群体，并通过构建六个独立模型来考察教师学历水平中的不同特征变量对学生学业产出的影响。研究结果显示，教师学历水平对学生学业产出存在较大的影响，而且这种影响在特定的种族人群（美国黑人裔）中更为突出。

2. 教师工作经验

教师的工作经验或者工作年限作为教师人力资本中备受关注的要素之一，在早期的教育生产函数中就有关于教师工作经验对学生学业成就促进作用的相关研究。

内恩（Murnane）早在 1975 年就研究发现，教师的工作经验在不同的教龄阶段所产生的边际效应并不相同，而且会有边际效应递减的现象。也就是说，对刚入职的新教师来说，教师工作经验的增加对促进学生学业发展的作用有着明显的提升，随着其教龄的增加，这种边际效应会逐步减少。

杜威（Dewey）等人通过运用传统的最小二乘回归和工具变量法，发现教师的工作经验对学生的学业产出具有显著的正向影响，这和克鲁格的研究结果完全一致。芭芭拉（Barbara Nye）等人在 2004 年基于田纳西州的 STAR 项目开展的研究结果显示，虽然教师的工作经验与学生的成绩提高有很大的关系，但其进行的数据统计显示，这种影响仅对二年级学生的阅读水平和三年级的数学水平有较明显的促进作用①。

汉纳谢克 1986 年进行的元分析表明，在其所分析的 106 项研究成果中，大部分不能证明教师的工作经验与学生的学业产出显著相关，在能够证明二者有显著关系的研究成果中，有 7 项证明了教师的工作经验与学生的学业产出显著负相关。2004 年，汉纳谢克等人又利用美国德克萨斯州师生匹配的大规模面板数据库研究二者之间的关系。该研究结果显示，在教师的工作时间中，是否具有一年以上的工作经验是一个十分明显的分界点：教龄在一年以上的教师和教龄不足一年的教师在促进学生的学业产出上差异十分显著。同时还发现，当教师的工作时间超过一年时，工作经验的增加没有给学生的学业产出带来明显的促进作用。

---

① Barbara Nye, Spyros Konstantopoulos, Larry V. Hedges, "How large are Teacher Effects?" *Educational Evaluation and Policy Analysis*, Fall 2004, Vol. 26, No. 3, pp. 237 – 257.

哈蒙德（Hammond & Defining，2002）、谢乐（Scherer，2001）和斯乔治（Stronge，2002）对此问题都进行了研究，得出的结论是，教师是否具有三年以上的工作经验是个分界点：教龄在三年以上的教师，其对学生学业产出的影响高于工作不满三年的教师。研究还指出，积累足够的教学经验需要 5～8 年的工作时间，但教师的教学水平却不随着教学经验的增加而始终得到提高。

这些研究成果的出现，改变了传统的教育生产函数中教师工作经验对学生学业产出影响的边际效应恒定不变的假设，教师工作经验变量开始以平方项或者运用工具变量加以控制等非线性方式进入模型。

罗考夫（Rockoff）在 2004 年以新泽西州的两个学区为样本构建了教师的有效性指数，并建立了包含教师工作经验变量的教师因素与教师有效性指数之间的多元回归模型。通过实证研究发现，教师教学经验的增加能够显著提高学生的学业成就，也就是说，拥有较长的教学经验预示着该教师具有较高的有效性。

卡夫特、兰迪和维格多（Clotfelter，Ladd & Vigdor）在 2004 年对北卡罗来纳州教育研究中心提供的以五年级学生为样本的调查数据进行研究，发现教师的工作经验和教师资格认证考试成绩与学生的学业产出显著正相关，平均来说，在其他条件相同的情况下如果学生由具有较长工作经验的教师教授，其数学和阅读成绩能够有 0.1 个标准差的提高。

3. 教师资格认证

为了保证教师从事教育工作的基本素质和能力，很多国家都开展了不同形式的教师资格认证工作。同时，由于教师的学历和资质是表现教师特质很明显的标志，比观察教师课堂表现、态度要容易得多，因此，教师资格也成为众多的教师人力资本因素中最容易区分的要素之一。但是相关的文献中关于教师资格对学生学业产出影响的研究并不多，出现这种情况的原因，一方面是由于教师资格这个变量本身的区分度不大，是否拥有相关部门授予的教师资质是唯一的区分指标；另一方面是大部分教育发达国家都把拥有教师资格认证作为在教师招聘中录用的一个基本前提，因此，教师资格认证的拥有情况在许多实证研究的模型中无法体现出明显的差异。在已有的文献中，是否拥有教师资格认证对学生学业产出影响的结论较为一致，大部分都认为教师资格认证对学生的学业成绩有一定的促进作用。虽然弗金（Rivkin）等人的研究发现，在聘用教师的过程中推广教师资格认证对学生学业的促进作用并不明显，但是，卡夫特（Clotfelter）等人却发现，教师在资格考试中取得的分数对学生的学业成绩有正向影响。

查尔斯（Charles T，2007）等人认为教师的资质与学生成绩有关，教师的经验、测试成绩和符合条件的从业资格对学生成绩都有积极的影响，其中对数学的影响比对阅读的影响强。

唐纳德（Donald Boyd，2005）指出：在贫困学生、非白人学生、表现较差的学生居多的学校，教师资质远低于城市和近郊区学生表现较优的学校。

保罗（Paul，2004）认为，经过美国教师培训组织培训的教师对于学生数学成绩的提高有显著的正向影响，但对阅读成绩的影响却不显著。

高曼（Goldman，1997）认为，对教师职业能力间接的、低成本的投入，即进行教师资格认证会给学生学业成绩带来积极的作用。

迪（Dee，2008）等人认为，某些具有教师资格认证的专业教师所教授的学生学业成绩相对较高，但是否拥有教师资格认证对这些学生获得知识能力提高的影响却并不显著。

帕拉迪和阮伯格（Palardy & Rumberger）认为教师资质对于学生阅读能力有帮助，但对数学能力的提高却没有大的作用。

4. 教师在职培训

教师参加在职培训作为人力资本投资的一项重要手段，也是衡量教师人力资本要素的重要指标之一，但教师接受在职培训情况与学生学业产出之间的关系却没有相对一致的研究结果。

大多数的研究结果表明，教师是否接受在职培训对教师教学水平和学生的学业产出并没有显著的影响。

肯尼迪和科科伦（Kennedy & Corcoran）的研究一致认为接受过在职培训的教师不一定能促进学生学业成绩的提升。里特（Little）的研究还指出，由于对教师所进行的在职培训在连续性和考核机制方面都存在很多缺陷，这就从某种程度上影响了教师在职培训因素在促进学生学业产出过程中发挥应有的作用。

同时，也有部分研究发现了比较积极的结论。布勒苏（Bressoux，1996）采用自20世纪90年代逐渐兴起的准试验法，通过设立控制组与实验组来剥离师生的非随机匹配所产生的估计误差，研究发现，教师参加培训可以在一定程度上促进学生学业产出。

在实证研究中，研究设计的改进可以在很大程度上影响论证的结果。安格瑞斯特等人（Angrist et al.，2006）就通过差分法以及教师和学生的配对样本，更加深入地研究了教师接受在职培训对学生学业发展的促进作用。研究发现，当其他要素不变的情况下，参加在职培训的教师对小学生的学业产出有显著的提升作用，与没有参加在职培训的教师对比显示，其所教授学生的数学成绩提高了 0.25 个标准分。科恩（Cohen）和希尔（Hill）发现，通过开展教师发展项目可以有效促进学生学业成绩的提高。

雅各布和莱弗格（Jacob & Lefgren，2005）利用准试验法，基于芝加哥学区进行的在职培训项目研究了教师参加在职培训与教师教学质量之间的关系。研究结果显示，教师接受在职培训对学生特别是贫困地区学生的阅读和数学成绩提高过程中的边际效用并不显著。这一研究结果引起了较大的关注：由于人们通常都认为在职培训可以提高贫困地区教师的人力资本，进而促进贫困地区学生学业产出的提高，但是该结论却颠覆了人们常规的认知，揭示了在人力资本较低的贫困地区并不能通过加强教师在职培训的方法促进学生学习成绩的提高。

相关研究文献显示，教师学历和其所接受的在职培训对学生学业效果的影响并没有得到一致的结论；教师工作经验是以非线性方式对学生学业效果产生影响的；而教师资质的影响作用却因学科、种族和地域的不同而不同。

通常认为，拥有人力资本较高的教师的教学水平越高，其在促进学生学业进步中发挥的作用也就越大。从现实情况来看，教师的人力资本状况在不同地区、不同学校和学校内部的不同班级之间都存在着一定的差异。一般来说，贫困地区教师的人力资本会低于发达地区，家庭经济水平较低的学生和学校所配置教师的人力资本水平较低，家庭经济水平较高的学生和学校所配置教师的人力资本水平较高。这一情况在中小学教育过程中比较常见，但在高等教育过程中由于校区与学生生源地的分离，学生的家庭经济水平与其所配置的教师的人力资本之间的关联性并不显著，这也为本书有效剥离学生家庭经济水平对学生学业发展的影响效应起到了一定的作用。

2.2.3　教学投入特征变量

教师作为整个教育过程的执行者，其个体表现与教育目标的实现有着多重复杂的关系。当前两节所讨论的教师身份特征和人力资本特征都相对固定时，教师本人对教学过程的各种投入要素就可能对学生学业产出产生不可忽视的影响。正如利玛（Lima，1981）在研究中所指出的那样，最微观层面的教师个体既是教育生产过程中的决策者，也是该决策的执行者，该过程中的任何差异都有可能让学生的学业产出呈现不同的结果。

汉纳谢克提出，由于教育领域有着比任何其他领域都复杂的生产过程，作为承载多种人力资本要素的教师，在此过程中拥有的决策权、选择权和自主权都更加突出，因此，教师在教学过程中的不同投入就会给学生的学业产出带来不同的影响。

斯蒂格勒和黑尔伯特（Stigler & Hiebert，1999）的研究认为，教学过程中的教师因素才是影响学生学业产出的最关键因素。也有学者在其研究中引入过程因素这一衡量指标，但是，由于教师教学过程因素指标的获取非常困难，具有很强的不可观察性，因此在教育经济学领域开展的为数不多的相关研究也是通过寻找替代性指标的方式进行的。通常认为，教师的教学投入特征变量主要包含教学方法、教学热情和教学关怀等几个方面。

1. 教学方法

豪斯（House J. D.）提出，教师在教学过程中所采用的教学方法包括教学安排、教学技巧和课堂的组织管理等具体内容，教学方法和学生的学习结果有着直接的联系。

库伯（Cooper，1989）的研究指出，为学生布置家庭作业作为教师延续课堂教学效果的一种教学方法，是教学过程中的具体策略，在通过家庭作业延长学生学习时间的同时起到让学生熟练和巩固课堂知识的目的，这种做法会对学生的学业产出产生影响。库伯和瓦伦丁（Cooper & Valentine，2001）的实证研究还表明，在家庭作业中投入时间越长的学生的数学成绩往往越好。

科恩和黑尔（Cohen & Hill，2000）对美国加利福尼亚州来自163所小学的共计975名教师的教学方法进行了调查研究。研究发现：教师在课堂教学中采用小组活动等互动式教学方法，对提高学生的数学成绩有显著的影响；由于合作型教学对增加学生的学习自信心和积极性有更明显的作用，因而接受合作型教学方法的学生的学业成绩较好。

我国学者对此问题也有专门的研究。李琼和倪玉菁在2006年的研究发现，相对于传统的教师讲授式教学而言，学生参与式教学由于注重师生和学生之间的课堂互动，营造了自由和开放的课堂对话，有助于学生在参与的过程中形成、表达和论证自己的见解，激励学生主动思考和解决问题，从而带来较好的教学效果。

2. 教学热情

如前文所述，对教师教学热情的研究和测量更多的是由社会教育学学者和心理学学者通过量表调查等方式进行的。而在教育经济学领域，大部分学者都在肯定教师的教学热情会对教学质量产生影响的前提下，探讨如何通过实施问责制、制定激励政策和运用绩效薪酬等劳动经济学中的做法，来提高教师的工作热情。

菲什拜因（Fishbein）早在1975年的研究中就发现，教师工作态度以及工作热情会对教师的工作质量产生直接的影响。

汉纳谢克在2006年把教师的流动性和工作满意度等因素作为工具变量引入教育生产模型，来考察教师的教学热情与教师在学生学业进步中所发挥作用的关系，发现教师的教学热情和教学技巧可以影响学生的学业成绩。

吉普森（Jepsen，2005）也利用固定效应模型，将教师对当前工作的满意程度作为衡量其教学热情的工具变量，同时把估计得到的教师有效性指数作为因变量构建多元回归模型，研究教师教学热情对学生学业成绩的影响。对于研究样本中的一年级和三年级学生来说，教师对当前工作的满意程度与学生的语言课程成绩存在较大的正相关，但这种相关关系在统计意义上并不显著。

安吉拉（Angela，2005）等人认为那些把自己看作知识的传播者，并且乐于沟通的老师所教出的学生学业成绩较好。

格尔威和克雷默（Glewwe & Kremer，2005）的研究指出，很多关于教育投入—产出的实证研究不能衡量出教师人力资本要素与学生学业产出之间很多确定的正相关关系，其原因不仅仅是研究方法本身欠缺完善性，还在很大程度上是因为在模型中缺乏对教师工作热情状况的考虑。研究发现，教师的教学热情状况直接决定了教师人力资本在教学过程中的体现，教师缺乏教学热情会直接导致教师不能按时上下课以及流失率大等问题，这就对学生的学业产出产生很大的负面影响。研究还特别指出，在人事和薪酬制度都相对不够完善的发展中国家，教师教学热情较低的现象更加普遍，这就抑制了教师人力资本的发挥，进而影响教师要素在学生学业产出中发挥应有的促进作用。

3. 教学关怀

教师在教学过程中所表现出的对学生学业成绩的指导、期望和关心等情感要素统称为教学关怀。在已有的文献中，教学关怀一般都是在社会学和心理学的范畴进行的研究。对教学过程中教学关怀问题的研究可以追溯到 20 世纪中期，当时的西方发达国家开始关注教师性格对学生学业的影响，并开展了一系列相关研究。

1979 年，美国的心理学家罗森塔尔（Rosenthal）和雅克布森（Jacobson）在奥克学校进行了一项著名的"学业冲刺潜力"实验，研究发现，当教师对智力水平一般的学生给予更多学业上的期待、关心和指导时，学生能够从教师的情感关怀中感受到刺激和鼓励，进而大大增加自己的学习投入，这就会带来学业成绩的大幅提升。这一研究成果在教育心理学领域产生了很大的影响，这种由教师的教学关怀带来的学生学业产出的提高被称为"皮格马利翁效应"（Pygmalion Effect）。

詹姆斯（James，2007）等人的研究认为，有效率的老师比无效率的老师能提出更多的问题（例如分析类问题），并且会犯更少的错误，且教师的指导性行为和实践能力使学生能得到更多的分数。

罗考夫（Jonah Rockoff，2008）认为，教师指导对于学生课堂效果的影响很大，但对学生的学业成绩并无影响。教师对学生指导的时间越长，学生的阅读和数学能力就越强。还有教师期望、态度及对学生的关爱，对此也有影响（Rosenthal & Jacobson，1968；Rowan et al. ，1997；Palardy & Rumberger，2008；Stronge，2002）。

大卫（David Armor，1976）等人发现，教师的下列因素对学生阅读能力的影响较大：教师对于学生多方面需求的适应性、教师自身的有效性、教师与家长的紧密联系、教师在指导方式上的灵活性、教师之间的非正式交流。而教师的背景对学生阅读能力的提高无影响。

汉纳谢克（Hanushek，1997）认为教师连续的有效性与学生阅读和数学方面的成绩相关，而且教师的集体效能与学生成绩水平正相关。教学人员的稳定性、学术组织和教学质量与学生成绩正相关，即领导重视雇佣并留住高素质的教师且促进学术研究改良，可以使学生效能增加[①]，他还认为，生师比对于学生学业成绩有影响。

玛丽（Marie Vunda Pash）等人发现，过度地更换教师对学生学习成绩有影响[②]。大卫（David N，1975）认为，教师的自我意识和认知与学生的学业成绩成正比。

我国学者对教师教学关怀与学生学业投入之间关系的研究从时间上来说起步较晚，从研究过程来看质性研究占绝大多数，比较缺乏实证研究。国内学者研究了教师的情绪和智力水平对学生学业的影响，研究发现，教师的情绪和智力水平不仅对教师传授和学生获取知识产生影响，同时还对教师和学生的人际关系和身心健康产生影响，进而影响教学过程中情感教育的实施，并对学生的学业产出带来不同的结果。

2.3　相关研究的实证方法综述

2.3.1　代表性研究的计量方法综述

通过以上研究成果可以看出，教师要素对学生学业发展的影响毋庸置疑，大量的研究从不同的角度、层级和范围证明了这一点，这些实证研究所采用的计量方法和研究范式虽然各有特点但也存在诸多相似性，作者从中选择比较经典并且有代表性的研究

---

① Heck Ronald H，"Teacher effectiveness and Student Achievement，" *Journal of Educational Adminstration* 47，2（2009）227 – 249.

② Marie Vunda Pash，M. A.，"A Study of the Relationship Between Teacher Turnover and Early Childhood Learning Outcomes in Literacy，" Union Institute & University Cincinnati，Ohio.

进行解析。

1. BHW 研究

宾汉（Bingham）、海伍德（Heywood）和怀特（White）（以下简称 BHW）所进行的研究开创性地提出了通过学生学业成绩来量化教师教学质量的建议，即以教师所教授班级学生学业成绩的残差平均值为依据，来衡量教师在提升学生学业成绩中的作用。同时指出，要想较为准确地衡量教师要素对其学生学业成绩产生的影响，并了解教师个体因素在提高学生学业成绩的过程中所发挥的具体作用，必须通过剥离非教师因素，即教师不可控因素对学生学业成绩所产生的影响。

BHW 的研究假设是，在剥离了学生个人特征、学生家庭背景、班级特征、学校特征和学生初始学业成绩这五个教师不可控因素对学生学业成绩所产生的影响后，就可以把学生学业成绩的差异归因为教师要素的差异，那就意味着，当学生之间学业成绩差异越大时，说明教师因素的影响程度也就会越大。基于此假设，研究者把教师因素对学生学业成绩的影响作为一种"剩余"进行间接测量，就可以得到这种影响的重要程度。他们还专门指出，由于研究中纯粹结果的不可得性，残差并不能充分度量这种影响效应，但只要能体现出差异中的大部分来源是教师因素就实现了研究的目标。

BHW 的研究所构建的是二阶段单水平模型，也就是残差增值模型。在第一阶段中，把学生学业的标准化测试成绩设置为因变量，将学生个人特征、学生家庭背景、班级特征、学校特征和学生初始学业成绩这五个教师不可控制但实际上又与学生学业成绩密切相关的因素作为自变量，构建出协变量调整增值模型，这样做的目的是尽可能多地解释学生学业成绩的变异。在第二阶段中，利用协变量调整增值模型测算出样本中每个学生的预测成绩，然后用学生的真实成绩减去其预测的成绩，就可以得到残差，这个残差就是该学生的任课教师对该学生学业产出的影响效应。最后再把学生个体的残差值在整个班级层面进行平均，就可以得到衡量教师教学质量的数值。如果这个数值服从标准正态分布，那么就可以认为位于正态分布中前 2.5% 的教师是教学质量较高的教师，反之，位于后 2.5% 的教师就是教学质量较低的教师。

　　BHW 的研究通过验证并量化教师因素对学生学业成绩影响大小的方法确定了教师个体在促进学生学业提高中所发挥的不同作用，这就可以提高教师的使命感和责任感，同时为教育管理部门制定相关的激励政策提供了重要的信息和依据。但该研究也存在着一个无法回避的不足，那就是作者在协变量调整增值模型中没有控制数据的嵌套结构，这就大大增加了产生估计偏误和信息损失的可能性。

　　2. 达拉斯（Dallas）增值性多水平模型研究

　　在西方发达国家 20 世纪 80 年代开始的新一轮教育教学改革中，加强问责成为提高学校有效性的核心思想。该思想也成为主导教师评价的关键。在这种思想的引导下，美国"不让一个孩子掉队"的口号应运而生，教育主管部门把学生的学业成绩作为衡量教师教学质量并实施奖惩的重要依据，并将此引入教师问责体系，以期能够在更大程度上督促教师发挥出更大的作用，帮助学生提高其学业成绩。

在这种教育教学改革的背景下，达拉斯（Dallas）独立学区从 20 世纪 90 年代早期开始建立了"Dallas 增值性多水平模型"（简称 Dallas 模型），并一直沿用至今。在具体应用中，学生的学业成绩进步被分为两个层面：一个是用来衡量学校净效应的学校层面 Dallas 模型，另一个是用来获得教师净效应的班级层面 Dallas 模型，这两个层面的模型基本原理一致。

该模型最典型的特征就是具有两阶段、两水平（two-stage, two-level）。第一阶段是对每一次的学生测试成绩建立一个独立的多元回归模型，尽可能剥离出学生背景特征等学校和教师不可控制的因素，并将得到的残差带入第二阶段的两水平线性回归模型。只要将最终测算所得到的个体层面残差（residual）在班级层面上加权平均之后，就能得出衡量教师教学质量的数值。由于早期的软件对多水平模型中的参数数量存在一定的限制，首先通过第一阶段的多元回归剥离出学生的背景特征变量就可以大大减少第二阶段两水平模型中需要引入参数的数量。

20 多年来，Dallas 模型的设计框架和计量方法几乎没有改变，追踪数据库却在长期的运用和积累中日益庞大和完备。该独立学区在每一学年都会利用 Dallas 模型对学校和教师在提升学生的学业成绩中所发挥的作用进行评价，并根据评价结果对相关责任方和责任人实施问责。同时，Dallas 独立学区还通过数据挖掘，就学校和教师在提升学生的学业成绩中所发挥作用的稳定性、一致性和累积性等问题进行深入探讨，提出学校和教师的改进措施和完善措施，尽最大可能确保整个独立学区内所有学生都能接受最公平和优质的学校教育。

以韦伯斯特（Webster）和曼卓（Mendro）为代表的研究者，基于以上两水平增值模型所建立的 Dallas 独立学区的教育评价系统综合运用了教育增值评价理念、多元线性回归和多水平模型方法，堪称在研究学校以及教师因素对学生学业产出影响方面最成功的案例之一。独立学区的选取为追踪数据库的完备性提供了有力的保障，这样就可以在模型中利用控制变量尽量剥离不可控因素对学生学业产出产生的影响，同时为考察这种影响的稳定性、累积性和一致性提供了可能。

3. 罗考夫（Rockoff）的研究

2005 年，哈佛大学的经济学家罗考夫（Rockoff）为了解决嵌套数据在教育生产函数模型中不能满足设定的问题，建立了学生个体层面的增长性模型，并通过引入班级层面的固定效应来解决数据嵌套问题。该研究基于教育增值思想，把学生的初始成绩作为控制变量，同时剥离学生的家庭背景和人口统计学特征因素以及学校因素对学生学业成绩的影响，估计出衡量教师教学质量的数值。

罗考夫的研究是在学生初始测试成绩及其既定教育环境的基础上，合理预测出每个学生各自的学业成绩提升程度，进而估计教师因素对学生学业成绩影响的固定效应。研究证明，这种固定效应能够解释学生之间成绩差异的 25% ~ 40%，同时发现，在针对词汇、阅读理解、数学概念和数学计算这四项成绩所建立的模型中，教师的固定效应都在 0.01 的水平下显著，而且，每当教师的固定效应提高一个标准差的时候，学生的阅读和数学测试成绩大约可以提高 0.1 个标准分。为了研究出各项具体教师因素的不同作用，罗考夫还将得到的教师效应作为因变量，将各项具体的教师因素作为自变量进一步构建模型进行计量，以考察具体的教师因素在对学生学业产出的提升过程中的作用。该研究设计与多水平线性模型在本质上是相同的，与汉纳谢克、弗金（Rivkin）和吉普森（Jepsen）等人在 2005 年所采用的研究方法都有类似之处。

4. 来自美国空军学院的实证研究

来自美国国民经济研究局和加州大学达维斯分校的斯科特（Scott E. Carrel）教授和来自美国空军学院的詹姆斯（James E. West）教授在 2010 年以美国空军学院的数据为样本进行了"教授的素质是否真的有影响"的研究。*Journal of Political Economy* 杂志全文发表了这一研究成果。文章指出，由于教师的水平不能直接被量化，只能通过现有数据进行测量。在初等和中等教育当中，衡量教师素质往往依靠同时期学生的标准化测试成绩，学生的标准化测试成绩与教师的前途和奖金挂钩。但在高等教育中，通常采用学生对教师的教学评价来衡量教师的素质，并在教师的职称评定和聘任任期中广泛采用。

斯科特和詹姆斯（Scott. E. Carrel & James E. West，2010）的研究，通过选取美国空军学院的面板数据来研究上述问题，随机将学生分配给教授以避免"自选择"效应；而且，空军学院的核心课程使用的是同一教学大纲和考核方式；最后，空军学院的学生必须修人、文、理、工方面的课程，这些后续的必修课也对学生的学习有了一个更完整的测量。研究的整体性依赖于学生在核心课程内取得的分数，通过运用面板数据建立随机效用模型。

结果显示，教师对学生的成绩影响在先修和后续课程之间有很大的差异，而学生对教师的评价与前期课程成绩正相关，与后续课程成绩负相关。因此，教师会采用"为考试而教"等方法影响学生评教结果，通过提高学生成绩或者减少学术内容的办法来提高学生对自己的教学评价。这种做法导致学生所学知识的减少并对学生日后学习更难的后续课程有所影响。有鉴于此，很多美国高校都对利用学生评价来衡量教授水平并与其职称挂钩的做法存在质疑。

5. 对美国北卡罗来纳州附加价值模型法的反思和解析

普林斯顿大学和国民经济研究局的杰西（Jesse Rothstein）2007 年开始利用美国北卡罗来纳州的数据进行教师质量的评估研究，并于 2008 年公开了题为《教育生产中的教师质量——追踪、衰变与学生成就》的工作论文。他针对随着美国学生成绩水平日益受到关注而引致的对教师进行分级并予以奖惩的提议，对在评估教师质量问题上处于较领先地位的增值模型法（VAM）展开研究。这篇工作论文对 VAM 中的所有假设和结论进行了相当严密的考虑和分析，作者在此过程中所体现的思维严谨性和学术的规范性令人叹服。

增值模型的内涵完全建立在对教育生产职能和在教师分配的假设上，杰西根据教师无法影响学生过去成绩的观点，把学生的学业成绩归因于两个方面：其个体水平差异和教师质量。通过北卡罗来纳州的数据，每一个模型排斥性约束都表现为强烈互斥。

在增值模型下，五年级的任课教师在四年级学生测试成绩的基础上对学生学业成绩有显著影响。研究还发现，传统测量中的教师个体附加值消逝得很快，最多与长期效果具有弱相关。

这篇文章的另一个经典之处就是考察了教师因素的短期和长期影响。作者认为，即使一个有效的模型，衡量教师几年来对学生的影响也很重要，而不仅仅是考虑某个时点，因此建议使用之后的影响系数来评价教师影响。

作者指出，许多教师问责政策只专注于最好的和最糟糕的教师，但传统增值模型找出的最好教师和最差教师将会导致错误的奖励和惩罚。由于老师与学生的匹配是学生学习中的一个潜在的重要决定因素，通过操纵教师价值增值的效果，会导致失真的实际后果。

2.3.2 教育增值模型简介

随着西方国家教育问责制的普遍实施，教育增值模型从学术进入政策实践，已经成为教育问责的重要工具。例如，2002 年美国通过"不让一个孩子掉队"法案，要求各州测试学生阅读和数学成绩并对学校进行问责。许多州开发了自己的教育增值模型，州政府采用模型评估结果对公办学校乃至教师实施问责，其中比较为学界所熟知的是田纳西州、北卡罗来纳州、南卡罗来纳州和肯塔基州模型。

教育增值模型为教育问责提供了客观、规范的标准。有学者认为增值评价下的问责制提升了整体学生学业成绩（Hanushek，2002），但是也有学者认为增值模型根本无法评估出学校或教师

的真实影响，而错误的教育评估结果会给教师带来负面激励
（Gorard，2006）。撇开学业成绩作为问责指标是否适合不谈①，
增值评估的可靠性主要受到以下三个方面的质疑。

第一种质疑来源于模型设定。例如，北卡罗来纳州和南卡罗
来纳州的模型根据学生以前的成绩和学校投入确定学生今年应该
取得的进步值，用实际进步值减去预测值衡量学校绩效。这种模
型设定会导致好学生多的学校效率被低估，缩小增值差异。目
前，在模型中加入学校或教师哑变量的固定效应模型（fixed
effect model）已经成为教育增值模型设定的主流，不过具体形式
仍有争论（Tekwe，2004）。

第二种质疑来自测量误差。因变量存在测量误差不会影响估
计的一致性，但自变量存在测量误差且该测量误差与观测值相关
时会影响估计的一致性。比较 IV 估计（上上期的学生成绩作为
上一期学生成绩的工具变量）和 OLS 估计的结果，拉德和沃尔
什（Ladd & Walsh）认为测量误差的存在导致教育增值的差异被
放大，测量误差是教育增值评估中最主要的偏误来源。不过，学
生考试成绩会围绕真实学业水平上下波动，上一次考试表现好的
学生下次出现下滑情况的概率较大，即所谓的"回归平均水平"
（mean reversion）现象。因此，采用上上期成绩作为工具变量的
IV 估计和 OLS 估计之间的差异并不完全是测量误差导致的，而
在很大程度上来源于"回归平均水平"的影响。

---

①　有学者认为，学业成绩受到太多因素的影响，应该采用过程指标而非结果指标来衡
　　量教师绩效。例如，泰特（Tate）认为可以采用"学生学习机会"这一指标作为教
　　师效能的度量指标。学习机会指教师影响学生用于学习的时间。

第三种质疑，也是最难以解决的质疑来源于学生教师匹配过程中的自选择问题。劳德（Lord）或许是最早在增值评估背景下讨论自选择问题的研究者，他在研究食堂进餐是否对学生体重有增值影响时发现，不同的统计方法会导致不同的结论，这一问题在因果推论中也被称为"Lord's Paradox"。荷兰和鲁宾（Holland & Rubin，1983）在反事实分析框架下对"Lord's Paradox"进行了很好的诠释。利用反事实分析思想构建的检验方法，杰西（Jesse Rothstein，2010）发现五年级数学教师和阅读教师增值影响的标准差为0.11和0.08，而五年级教师对四年级学生成绩增值影响的标准差也达到了0.08。显然，这一反事实因果关系不可能成立，更可能的解释是学生分班过程不随机，学生教师匹配过程中出现了择班或择师。鉴于杰西对教育增值评估方法的巨大贡献，本书将教育增值法中的自选择问题称为"Rothstein批判"。

在教育增值法的分析框架下，学界已经对教师影响达成了一些共识。无论是随机干预实验还是基于观测数据的研究，无论是在高等教育或是学前教育，无论是在发达国家或是发展中国家，教师影响的挥发性都得到了支持，一年后的挥发性高达50% ~ 80%（Currie & Thomas，1995；Jacob et al.，2007，Kane & Staiger，2001；Rothstein，2009；Clewwe，2003）。教师之间的增值效果存在很大差异，但是这一差异只有很少一部分可被教师学历、工作经验等显性特征解释（Rivkin et al.，2004；Noell & Burns，2006；Heckman，2007；Palardy & Rumberger，2008）。众多不同的研究都指向一个共同的结论：教师课堂活动本身才是真正重要的因素。

国内教育评估研究以定性研究居多，集中于各级教育评估指标体系的讨论（蔡永红、林崇德，2004；王战军等，2004），基于教育增值法的实证研究不多。马晓强等（2006）利用河北保定市的高中数据进行了一个比较成熟的学校效能增值评价研究，发现高考分数的校际差异可以用中考成绩解释60%，大约20%的差异是由学校增值的不同引起的。在针对甘肃农村初中的一项研究中，薛海平和闵维方（2008）发现学校作用可以解释学生学业成绩差异的20%~40%或更高。这两个研究的估计结果高于国外教育生产函数研究对学校作用的估计，这一方面可能是由于国内校际间差异更大，另一方面可能是遗漏了某些无法观测的，但是会影响到学校选择和教育产出的学生特征变量所导致的。

教育增值评估模型就像一个黑匣子，在教育经济学家的不断努力下，它越来越可靠地告知哪些学校和老师在教育过程中是有效的，但是并不回答为何有效。部分教育学者深入班级教学过程中，尝试打开教育生产的"黑匣子"。一项在美国俄亥俄州实施的教师评估研究认为，教师不能直接促使学生学习，而是通过为学生创造学习时间、促进学习气氛、使学生参与有价值的活动而产生教育增值。夏洛克等人（Schalock et al.）认为，学生与教师积极的社会关系、学生得到教师的支持、教师态度与信念等影响学生的学业成绩。在英国教育与技能部的支持下，萨蒙斯等人（Sammons et al.）发现，具有稳定、昂扬向上职业和生活取向的教师，不管其学校背景如何，所培养的学生更可能取得高于期待水平的学业成绩；处在职业生涯后期的教师，容易受到失去认同感的危害。上述研究基于长期细致的班级观测，许多结论十分具有洞察力和说服力，但是还需要更好的因果关系识别。

2.4　已有成果对本书的启示

在教育生产函数的研究框架下开展教师要素与学生学业效果关系的实证分析是个相对成熟的研究领域，不论是从理论基础到模型构建还是计量软件，都已经有很多可以学习和借鉴的内容，然而如何根据可得的数据和实际的研究背景开展有针对性的研究，依然是每一个具体课题需要认真考虑并慎重选择的问题。本书要开展的研究是在教师队伍构成日益多元化的背景下，基于某高校的英语教师数据，通过构建多变量的计量模型以期达到验证不同的教师类型是否会对学生的学业效果带来不同的影响。通过对相关领域已有研究文献的梳理、总结和学习，作者认为，为了有效度量教师类型与学生学业效果的关系，在本书的研究中需要注意以下几个问题：

（1）由于教育资源分配和教育水平发展的不均衡，来自不同地区的学生的学术水平，特别是英语学习水平存在着较大差异，因此，一定要控制学生的初试成绩。所以，本书会把拥有入学分级测试笔试成绩作为样本筛选的一个前提条件，同时作为所有衡量学生学业增值中的初始变量。

（2）基于文献综述中提到的师生匹配问题的重要性和敏感性，本书将认真选择用于实证分析的目标课程，该课程的不同班级除了具备考试方式、试卷命题、阅卷方式和评分标准等环节的高度统一之外，还应在教学管理的运行实际中满足师生匹配的随机性，也就是具备师生匹配随机性的制度保证，同时还要经过严格的随机性检验，只有通过实践和理论的双重检验，才能确保后续研究结论的准确性和可靠性。

（3）已有文献的研究显示，在某些学科中，教师要素对学生学业效果的影响存在比较明显的挥发性（也被称为衰减性，下文统称为挥发性），因此，本书为了针对本样本开展相关研究，根据实际的数据情况，充分挖掘和利用相关课程成绩和学生在全国大学生英语四、六级考试中的成绩，将教师类型对学生学业效果的影响——基于成绩数据的分析分为短期、中期和长期三个阶段，以观测在此研究中的教师影响是否存在比较明显的挥发性。

（4）由于学生的学业成绩除了受教师要素的影响之外，还会受到学生个人特征和所在行政班级、课程班级等"同伴效应"的影响，因此，在构建研究模型的过程中必须全面考虑这些因素，在最大程度上剥离非教师因素的影响，争取实现教师要素的衡量尽量真实合理。

（5）为了避免"窄化"学生学业发展的内涵，除了关注学业成绩这个常用的结果维度之外，还应该借助学生学习体验的过程维度来衡量教师差异化因素的影响，所以，本书还将引入研究样本中所有任课教师的全部学生评教数据，从学生主观角度测量教师差异化因素给学生学业发展造成的不同影响。

第3章　实证研究样本与设计

3.1　样本介绍

3.1.1　样本学校基本情况

本书的数据来源于某高校本科生综合教务系统。该学校是教育部直属的全国重点大学（以下简称 A 大学）、国家"211 工程"首批重点建设高校，拥有经、管、法、文四大门类，是一所以国际经济与贸易、法学（国际经济法）、金融学、工商管理、外语（商务外语）等优势专业为学科特色的多学科财经外语类大学。该校培养的学生一直以专业知识和技能扎实、外语娴熟、思维活跃、实践能力强而受到社会的普遍认同，毕业生遍布全国各地的外贸、金融、三资等行业领域，以及国家机关、中国驻外商务机构。

该校有着优秀的本科生源，在全国的录取分数多年来持续保持在全国高校招生中的领先地位，最低录取分数线远远高于各省市重点线。以 2011 年为例，该校文科在全国 23 个省市的录取分数超出一本线 50 分以上，北京、天津、辽宁、广西、贵州、云南、陕西、宁夏、海南 9 个省市超出一本线 70 分以上，其中北京超出 76 分，天津超出 83 分，海南超出 148 分，文科录取的考生排名基本保持在全国各省市前 300 名左右。理科在全国 14 个省市的录取分数超过一本线 100 分以上，其中新疆超出 148 分，北京超出 131 分，贵州超出 127 分，天津和辽宁超出 124 分，理科录取的考生排名基本稳定在全国各省市前 1800 名左右。在北京高校中，该校理科排名第四，文科排名第四。在全国绝大多数省市自治区的录取排名都在前 10 名。

目前学校现有教职工 1579 人，在编教师 896 名，同时，聘请了一批优秀的国内外兼职教师，生师比为 19∶1，满足教学需要。

3.1.2　学生学业效果指标的选择

进行教师类型与学生学业效果的计量分析，对于数据的要求非常高，一方面需要有包括多种类型教师参与授课的课程，另一方面还要求这些课程所涉及的教师和学生的个人信息想当完备，另外还需要有与这些课程内容密切相关的前测成绩与后测成绩。

基于以上种种要求，考虑到数据的有效性和可得性，作者对 A 大学近十年来的教学运行相关数据库进行了数据的梳理、筛选和验证，并最终选取大学英语类基础课程的相关数据进行实证研究。之所以做出这样的选择，是因为此类课程具有如下特征：

（1）学生入学后会参加学校统一组织的英语入学分级测

试，该测试成绩可以作为学生英语学业的初始水平数据，这就有效避免了高考中英语成绩因各地方命题差异带来的无法标准化问题。

（2）大学英语类基础课程任课教师涵盖了本书所需的各种教师类型，外聘教师和研究生教师教学的情况比较突出。而且这种现象在很多高校普遍存在，使得研究更具有代表性。

（3）大学英语类基础课程对学生来说是必修的，选课人数较多，这就为本书能获取足够的样本量提供了客观保证。

（4）大学英语类基础课程采用统一命题、流水阅卷的方式，有效避免了在考试环节由教师差异带来的标准不同问题。

（5）学生在本科学习阶段会参加国家统一命题和组织的大学英语四、六级测试，这可以作为衡量学生英语学业效果的理想后测成绩。

另外，为了更加全面地反映学生学习过程体验，除了选取成绩数据之外，本书还整理了参加这些课程学习的学生对任课教师的评教数据，并细化研究任课教师在评教系统中每一个指标上的得分情况，深入进行不同类型教师在各个评教指标上的得分差异。

大学教育的重要目标是促进学生的全面发展，其中既有知识水平和学习能力的提高，也包含着正确价值观和世界观的树立，同时还有社会责任感、人际交往能力、组织沟通能力等多方面的提升。在绝大部分进行学生学业进步的实证研究中，都把学生学业成绩的提高作为研究的指标，这种做法虽然能够更加有效地量化这种提高的度量，却也在某种程度上"窄化"了学生学业的发展。结合近年来教育心理学的研究成果，作者认识到学生的学业发展通常会有客观成绩结果和主观过程体验两个衡量维度。前一个维度通常是由学生在各种课程测试和专门测试中取得的成绩进行度量，可以借助各种计量模型精确量化；在对后一个维度进行度量的过程中比较常用的做法，就是通过学生对某课程任课教师的教学评价来反映学生的学习过程体验，这样做基于的假设就是，当学生对某教师评价越高时，一般来说，该学生的学习过程体验就越好，也就是说，学生评教结果较好的教师通常来说能给学生带来较好的学习过程体验，虽然这种做法目前还没有得到广泛的论证和全面的认可，但是借助这一指标衡量学生的主观学习感受也还是有据可循、有理可依的。所以，本书所研究的学生学业效果的内涵包括学生学业成绩产出和学生学习体验指标的综合考量，也就是说，通过任课教师对学生学业成绩的促进和所获得的学生评价两个维度考察教师对学生学业效果的促进作用。

3.1.3 数据来源

本书研究 A 大学英语教师类型对学生学业效果的影响数据来源于该大学教务系统，英语教学一直是其办学特色。2006 年是 A 大学本科招生规模的一个重要分水岭：2006 年以前，A 大学处于扩招期，招收本科生从 1100 多人迅速增长到近 2000 人；从 2006 年起该校的本科招生规模基本稳定在 2000 人左右。鉴于此，考虑到学生学习水平和整体素质的连续性和稳定性，本书将 2006 年确定为选取数据的起始时间。

本书的研究样本量大，时间跨度长，数据跨度涵盖 2006 ~ 2010 级所有在校学生。同时，根据数据的可得性和可靠性，数据介绍部分将从学生、教师、课程、成绩和班级规模五个层面进行介绍。

1. 学生层面

作者综合考虑学生作为新生入学后所参加的英语分级测试成绩不缺失并修读过大学英语精读（一）课程这两个因素，筛选出 2006 ~ 2010 年符合此条件的 5295 名本科生，并重点分析了对英语学习影响较大的一些身份特征，包括年龄、性别、民族、生源地、所属学院等。通过对样本身份信息的整体分析，得出以下结论：从年龄结构来看，学生入学时的平均年龄为 18.64 岁[①]，且始终保持稳定；从性别构成来看，女生人数占全部学生数量的 66%，其比例自 2005 年以来不断提高，在 2008 年稳定在 70% 的水平上；从生源地域划分来看，东部地区生源占 48%，中部占 24%，西部占 28%，这一比例大致稳定；从学生所属学院来看，学生在各学院的分布也基本保持一致，具体情况如表 3 - 1 所示。这里需要特别说明的是，由于大学英语精读课程是公共英语类课程，所以从原则上讲，英语学院的学生不需要修读此课，但不排除有极个别以内地班形式（例如内地西藏班、内地新疆班等）通过预科学习进入英语学院学习的学生会被要求和其他专业学生一起修读公共英语类课程。

---

① 入学年龄的计算，以入学年份的 9 月 1 号为截止日期并精确到出生日。

表 3 – 1　样本中学生分布情况一览

学生层面变量(样本量:5295)	均值	标准差
入学年龄(岁)	18.64	0.84
女生(女生为 1,男生为 0)	0.66	0.47
少数民族	0.09	0.28
东部生源	0.44	0.50
中部生源	0.24	0.43
西部生源	0.32	0.47
国际经济贸易学院	1263	23.85
国际商学院	1032	19.49
英语学院	3	0.06
金融学院	787	14.86
法学院	347	6.55
信息学院	372	7.03
外语学院	393	7.42
保险学院	433	8.18
公共管理学院	452	8.54
中国语言文学学院	109	2.06
国际关系学院	104	1.96
合　计	5295	100

2. 教师层面

2006～2010 年,共有 230 人次教师教授了 1259 个英语精读类课程的班级。在所有教授英语精读类课程的教师中,全职在编教师为 110 人次,本校在读硕士教师 97 人次,外聘教师 14 人次,外籍教师 9 人次。全职在编教师的学位学历情况为:获得博士学位的占 36%,硕士占 54%,本科占 10%。外聘教师和外籍教师缺乏相关统计信息。外聘教师通常由本校教师推荐,选择有一定教学经验、教学效果良好的校外代课老师。表3-2数据还显示，在全部1259个班级中有1003个班级的任课教师是全职在编教师，全职在编教师是英语精读类课程教学的主力军，承担了将近80%的课程。但是，在大学英语精读（一）这一门课程中，非全职在编教师起到了重要作用，在全部的139个课程班级中，本校在读硕士教师承担了36个班级，外聘教师承担了16个，合计占到全部大学英语精读（一）课堂的37.4%，成为该学校英语教学力量的重要补充。

表 3 - 2　相关教师信息一览

教师层面变量	精读类英语教师 （230 人次）		精读（一）任课教师 （139 人次*）	
	均值	标准差	均值	标准差
女性	0.69	0.46	0.84	0.37
全职在编副教授或教授	0.14	0.35	0.00	0.00
全职在编讲师	0.12	0.33	0.40	0.49
本校在读硕士教师	0.52	0.50	0.23	0.42
外聘教师	0.06	0.24	0.26	0.44
拥有博士学位的全职在编教师	0.36	0.28	0.11	0.31

　　*一位教师承担某一学期的大学英语精读（一）教学被计算为1人次，也就是说在同一学期带两个大学英语精读（一）课程班的教师仅被识别为1人次。

3. 课程层面

　　作为一所以国际化为突出办学特色的高校，英语教学在 A 大学具有十分重要的地位，该校在学生培养方案和教学计划的编制上也十分重视突出其人才培养的英语特色。A 大学在公共课程平台上专门设置了英语课组，共有28门，总计69学分的英语课程可供全校学生修读。其中英语精读和口语等部分基础类课程面向低年级学生开设，并规定为学生的必修课。按照培养方案要求，每个学生必须在英语课组修满 26 个学分方满足该课组的学分要求，达到毕业审核的基本条件。2006～2010 年，可供学生选择的英语课程数目不断增加，从早期的不足 20 门增加到近 60 门。每个专业的必修英语课程略有差异，但是大学英语精读（一）～（四）、口语（一）～（四）是所有非高起点学生（高起点的概念下文会有论述）的必修课程。除了这些必修课程之外，非英语专业学生经常选修的英语类课程还有商务英语听说、商贸文章选读、金融英语、大学英语听力、国际商务礼仪、商务英语写作、英汉翻译与编译、金融英语阅读、英语演讲、散文分析、英语文学原著选读、英语语音、英语报刊选读等。本书根据 2006～2010 年公共英语类课程修课人数的多少，将此期间累计人数达 400 人以上的课程规定为公共英语类主要课程，具体如表 3－3 所示。

表 3－3 英语类主要课程及其基本信息描述一览

课程名称	课程代码	学时数	学分数	课程属性	修课学期	修课人数
大学英语精读（二）	ENG102	72	4	公共选修	1－2	10194
大学英语口语（二）	ENG126	36	2	公共选修	1－2	9314
大学英语精读（三）	ENG231	36	2	公共选修	2－3	8586
大学英语精读（一）	ENG101	72	4	公共选修	1	8471
大学英语口语（三）	ENG234	36	2	公共选修	2－3	7890

续表

课程名称	课程代码	学时数	学分数	课程属性	修课学期	修课人数
大学英语口语（一）	ENG124	36	2	公共选修	1－2	7111
大学英语精读（四）	ENG232	36	2	公共选修	3－4	6584
大学英语口语（四）	ENG236	36	2	公共选修	3－4	5373
大学英语听力	ENG137	36×4	1×4	公共选修	1－4	3044
金融英语	ENG358	36	2	公共选修	5－6	2619
高级经贸文章选读	ENG302	36	2	公共选修	4－5	2289
跨文化交际导论（英）	ENG251	36	2	公共选修	4－5	1898
高级商务英语听说	ENG162	54	3	公共选修	4－5	1673
商务英语写作	ENG407	36	2	公共选修	6－7	1093
美国文化（英）	ENG311	36	2	公共选修	6	1022
商务英汉翻译	ENG469	36	2	公共选修	4－5	1006
高级商务英语听说	ENG162	54	3	公共选修	4－5	983
欧洲文化（英）	ENG310	36	2	公共选修	4－5	922
大学英语口语（五）	ENG272	36	2	公共选修	4	861
国际商务礼仪（英）	ENG463	36	2	公共选修	4	818
大学英语精读（五）	ENG271	36	2	公共选修	4	623
阅读指导（一）	ENG159	36	2	英语专业必修	1	609
欧美文化概论（一）（英）	ENG154	54	3	英语专业必修	4	599

续表

课程名称	课程代码	学时数	学分数	课程属性	修课学期	修课人数
英语听说（一）	ENG103	72	4	英语专业必修	1	545
英语听说（二）	ENG104	72	4	英语专业必修	2	541
综合英语（二）	ENG146	108	6	英语专业必修	2	487
综合英语（一）	ENG145	108	6	英语专业必修	1	486
综合英语（四）	ENG148	108	6	英语专业必修	4	486
综合英语（三）	ENG147	108	6	英语专业必修	3	485
语言学导论（英）	ENG318	36	2	英语专业必修	4	448
经贸报刊导读（英）	ENG443	36	2	英语专业必修	7	436
英语写作（一）	ENG326	54	3	英语专业必修	3	429
英语写作（二）	ENG329	54	3	英语专业必修	4	425
阅读指导（二）	ENG160	36	2	英语专业必修	2	423
欧美文化概论（二）（英）	ENG155	54	3	英语专业必修	5	411
散文分析（一）	ENG319	72	4	英语专业必修	5	407

4. 成绩层面

（1）入学英语分级测试成绩。为探索新的教育模式，真正做到因材施教，鼓励学生的个性发展，最大限度地满足各类学生的学习需求，提高人才培养质量，A 大学自 2002 年起对全体需要进行基础英语课程学习的新生进行入学英语分级测试，即除英语学院的学生之外的其他所有新生均需参加该测试。为确保考试成绩的真实性和客观性，考试方式分为传统笔试和无纸化测试，也就是说，学生入校以后通过两次统一的命题考试来确定其英语水平。其中，无纸化测试采用电脑软件，在传统考试内容的基础上加入了听力内容，更有利于考查学生的综合英语水平（见表 3 - 4）。

表 3 - 4 学生入学英语分级测试成绩一览

单位：分

行政班级层面变量（样本量:288）	均值	标准差
入学分级测试笔试平均分	72.59	9.26
入学分级测试机试平均分	1.58	0.24
课程班级层面变量（样本量:139）	均值	标准差
入学分级测试笔试平均分	71.25	13.36
入学分级测试机试平均分	1.54	0.34

同时，为鼓励英语水平较高的学生能在不超过英语课组规定的选修学分总数的前提下，将学分用于修读更高层次的商务英语类课程，学校规定，在入学英语分级测试中成绩排名位于前5%的学生，将不用修读大学英语精读（一）课程，而是直接从大学英语精读（二）开始修读英语类课程，这5%的学生我们称之为"高起点学生"。这一实际情况反映在实际的测试成绩数据中，正如表 3 - 4 所示，由于所有非英语专业的学生都需要参加入学分级测试，所以在包含所有参加考试学生的行政班级层面上，不论笔试还是机试成绩都比较高，而在排除了测试成绩较高的"高起点学生"之后的课程班级层面上，不论笔试还是机试成绩都比较低。

需要特别说明的是，由于机试对参加考试学生的计算机操作水平以及无纸化考试系统的了解程度有一定的要求，在这一点上，来自不同地区的学生存在着较大的差异，特别是来自西部农村的一些学生，由于在进入大学之前接触和使用电脑的机会不多甚至没有，所以，在机试过程中受此因素影响不能完全反映出其真实的英语水平。鉴于此，本书为了能把学生真实的英语水平作为起始变量，更加客观地反映学生学业发展的增量，决定选取学生入学分级测试的笔试成绩作为衡量学生起始英语水平的变量。

（2）学生课程考试成绩。根据 A 大学学校选课制度，大一新生入学后通过英语分级测试确定出 5% 的"高起点学生"名单，其余非高起点的学生由教务处随机安排进行大学英语精读（一）的修读，这一做法从制度上保证了学生和教师匹配的随机性，在一定程度上回避了"Rothstein 批判"。在标准的实证研究中，除了考察入门课程教师对于学生在本课程上产生影响外，还应该考察入门课程对修读的第二门连续课程的影响、入门课程和第二门课程共同对第三门连续课程的影响，并以此类推。但是，由于从学生入学后的第二学期起将由学生自主选课，所以师生的随机匹配性无法得到保证，也就是说，只有大学英语精读（一）满足教师和学生的随机匹配，鉴于此，本书在分析教师差异化对学生学业发展的短期影响时只考虑大学英语精读（一）教师对该课程的影响（见表 3 - 5、表 3 - 6）。

表 3 - 5　学生大学英语精读类课程考试成绩

课程名称	样本数量	成绩均值	成绩标准差
大学英语精读（一）	5295	75.91726	9.968579
大学英语精读（二）	5073	72.79734	9.796417
大学英语精读（三）	3784	73.05365	10.3692
大学英语精读（四）	2755	72.75143	10.32191

表 3-6　学生大学英语精读类课程考试成绩年度一览

课程名称	观测点	2006 级	2007 级	2008 级	2010 级
大学英语精读(一)	均　值	76.014337	73.43616	78.37405	76.10303
	标准差	10.48243	9.495727	9.366125	9.840047
	样本量	1402	1402	1268	1223
大学英语精读(二)	均　值	72.929412	70.24946	75.50814	72.82904
	标准差	9.8199891	7.892282	11.12902	9.511267
	样本量	1394	1393	1229	1057
大学英语精读(三)	均　值	70.547673	71.81607	77.5058	
	标准差	11.503216	8.958433	9.027968	
	样本量	1332	1332	1120	
大学英语精读(四)	均　值	70.314934	72.52265	76.26768	
	标准差	11.435389	9.427429	8.616661	
	样本量	1058	905	792	

这里需要特别说明的是样本损失的问题。从表 3-6 可以看出，修读大学英语精读类课程的学生样本数逐渐减少，主要原因是，从学生入学后的第二学期起，学生可以自行选课，由于英语课组所开设的课程学分总数远大于培养方案中所要求学生修读的该课组的学分数，所以学生在有其他选择的情况下选择继续修读大学英语精读类后续课程的人数就会逐渐减少，具体样本量如表 3-6 所示。从表 3-6 还可以看出，2009 年入学的学生没有精读类课程样本，这是由于该年级学生入学后必须马上前往军训基地参加军训，因此入学分级测试只有机考，没有笔试，因此，入学分级笔试成绩统一缺失，无法控制其初始水平，所以 2009 级学生均不纳入研究样本。另外，由于本书获取数据的时间为 2011 年 10 月，2010 级学生在当时还没有修读大学英语精读（三）和

大学英语精读（四）的课程成绩，所以也造成了样本的损失。综上所述，由于大学英语精读（四）课程的修读人数只占修读大学英语精读（一）课程人数的 52%，如此大规模的样本损失无疑会造成估计结果的偏差，所以本书只分析大学英语精读（一）的任课教师对大学英语精读（二）和大学英语精读（三）这两门课程的影响。

　　另外，按照已有文献和实际经验，学生后续选修英语类课程的成绩和选课数量都可以作为教师对学生学业发展长期影响的一个衡量指标。但是，由于其他英语类课程缺乏统一、客观的试卷命题和评分标准，因此，本书并不打算比较这些课程的得分。同时，由于该校实行学分制，规定学生超过培养计划选修的课程需要按照学分数缴纳额外的费用，所以，学生通常在选够培养方案中每个课组的要求学分后不再继续选修更多的课程。鉴于此，本书不考虑通过考查学生后续选修英语类课程的成绩和选课数量衡量教师差异化对学生学业发展的长期影响。

　　（3）学生参加全国大学生英语四、六级考试成绩。全国大学生英语四、六级测试（以下简称 CET - 4 和 CET - 6）作为我国目前开展时间最长、命题机构最统一、组织最规范、社会认可度最高的国家级考试之一，其持续性和稳定性都有比较好的保证。同时，从样本数量和数据质量的角度来说，与 CET - 6相比，CET - 4 作为我国内地所有一类本科院校学生毕业的必要条件之一，学生参加的广泛性和考试成绩的可靠性更是略胜一筹。具体到本书中，所有"非高起点"的本科生都在第四学期参加 CET - 4，考试时间一致，考前修读大学英语精读类课程的门数相同。而 CET - 6 由于不是毕业条件的要求，不是所有学生都会报考，而且，学生参加 CET - 6 的时间也并不一致，鉴于此，我们将学生参加 CET - 4 的成绩作为衡量教师差异化对学生学业发展的长期影响。如上所述，2009 级学生由于缺乏英语入学分级测试成绩，所以都没有被纳入研究样本，2010 级学生参加获得 CET - 4 成绩的时间晚于文本获取数据的时间，所以对于 CET - 4 成绩只考虑 2006 级、2007 级和 2008 级三个年级（见表 3 - 7）。

表 3 - 7　学生参加 CET - 4 成绩一览

科目	观测点	2006 级	2007 级	2008 级	全体
CET - 4	均　值	555.49593	540.5223	552.3412	549.33
	标准差	54.13404	58.08082	55.53371	56.33
	样本量	1353	1367	1234	3954
CET - 4 阅读部分	均　值	201.61345	194.5933	196.2958	197.53
	标准差	23.57816	21.9674	22.6949	22.95
	样本量	1353	1367	1234	3954

5. 班级规模

研究和实践表明，一个班级人数的多少对学生学业发展有着不可忽视的作用，这种作用被称为规模效应。如表 3 - 8 所示，学生所在行政班级的班级规模均值为 18.39 人，大学英语精读（一）的课程班级规模为 38.15 人。从标准差情况来看，不论是行政班级层面变量还是课程层面变量的标准差都不大，也就是说，对于大学英语精读（一）来说，班级规模差别并不是很大，这从某种程度上来说就避免了规模效应对学生带来的影响。

表 3－8　班级规模信息一览

行政班级层面变量(样本量:288)	均值	标准差
班级规模	18.39	5.68
课程班级层面变量(样本量:139)	均值	标准差
班级规模	38.15	4.54

此外，当某个体处于特定群体时，会受到该群体内其他个体的影响，这种影响被称作"同伴效应"。所以，为了剥离"同伴效应"对学生学业发展的影响，更加真实地衡量教师差异化因素对学生学业发展的影响，本书将把学生所在行政班级（学生所在学院为了方便学生管理，根据学生的所属年级、专业等因素将学生划分的不同班级）和学生修读大学英语精读（一）时所在的课程班级的变量作为控制变量。

3.2　研究设计

在第二章所提到的很多研究都用到了教育增值的思想，并在构建计量模型的过程中得到有效的考虑与呈现。因此，在本书所做的研究过程中也充分考虑了运用增值评价的方式来衡量教师差异化对学生学业发展产生的影响，把增值评价作为研究设计的理论基础。

3.2.1 研究假设

教育生产函数中把教师因素作为一种教育投入，把学生取得的学业效果作为一种教育产出，这种发展既包括以成绩为衡量标准的学业水平，也包括以学生满意度为观测值的学习过程体验，也就是各高校普遍采用的学生评教系统。从这个角度来说，教师类型的不同就意味着教育投入存在差异，那么，这种教育投入的差异是否也产生了不同的教育产出呢？如果不同类型的教师投入带来的教育产出相同，那么成本相对较低的外聘教师和本校在读硕士教师授课的模式就值得推广，而且确实可以作为研究生人才培养的一种实践模式得到认可和鼓励。反之，如果这种模式是以牺牲学业发展为代价来弥补师资短缺的，就必须尽快叫停和改进，对师资队伍的建设就必须回到以提高高等教育质量和人才培养质量为核心的道路上来。

基于需要验证和解决的问题，本书提出以下几个基本假设：

（1）不同的教师类型对学生学业效果的影响存在显著差异。具体到本书，全职在编副教授、全职在编讲师、外聘教师和本校在读硕士教师对学生英语学习成绩的增值存在差异。

（2）不同的教师类型对学生学业效果的影响在短期和中长期内有所不同。具体到本书，全职在编副教授、全职在编讲师、外聘教师和本校在读硕士教师对学生英语学习的短期影响、中期影响和长期影响存在差异。

（3）不同类型的教师得到的学生评教成绩存在明显差异。

3.2.2 对样本数据的相关说明

由于工作原因，作者发现在 A 大学多年的学生成绩记录中，面向本科生开设的英语精读类课程一直存在着由全职在编教师、外聘教师和本校在读硕士教师共同承担同一课程授课任务的现象，该课程都是平行班授课，教材相同，试卷统一命题，流水阅卷。另外，这些英语精读类课程相关的教师和学生信息都比较齐全。所以，选取此类课程研究教师差异化对学生学业发展的影响就显得可行且可靠。

通过3.1的分析介绍可知，首先，由于入学分级测试成绩是衡量学生起始英语水平的初始变量，是衡量教育增值的必要因素；其次，只有大学英语精读（一）的教师与学生匹配是完全随机的。因此所有样本的选择必须以同时有入学分级测试成绩和大学英语精读（一）的课程成绩为前提。

考虑大学英语精读（四）课程的修读人数较少，出现有偏估计的可能性会大大增加，所以该课程不纳入研究样本。

最后，本研究数据的获取时间为2011年10月，在此之后产生的相关数据无法纳入研究样本。

综合考虑以上几点，本书研究数据的样本选取如表3-9所示。

表3-9中包含所有成绩数据。

表3-9中成绩数据中所对应的学生基本信息为性别、出生日期、年级、所在学院、生源地、民族。

表3-9中精读类课程所对应的教师基本信息为类别、性别、学历、职称。

由于只有大学英语精读（一）课程的教师和学生匹配是随机的，所以只考虑该门课程对应教师的学生评教成绩。

表 3 – 9　以成绩为基础的样本选取一览

成绩类别	2006 级	2007 级	2008 级	2009 级	2010 级
入学分级测试	√	√	√	×	√
大学英语精读(一)	√	√	√	×	√
大学英语精读(二)	√	√	√	×	√
大学英语精读(三)	√	√	√	×	×
CET – 4 总分	√	√	√	×	×
CET – 4 阅读部分	√	√	√	×	×

由此可以看出，本书所选取的数据在逻辑上是以成绩类数据为核心，与这些成绩相关的教师、学生、课程、评教信息和成绩本身就是研究的样本。

同时，结合 3.1 相关样本数据的多层次统计性描述，大学英语精读（一）课程相关的样本数据具有以下特点：

（1）该课程的班级规模相当，有效避免了因班级人数差异较大而产生的规模效应影响。

（2）该课程在学生入学后的第一学期开设，学生无法自行选课，统一由学校随机安排，这就为教师与学生的随机匹配提供了制度保证。下文还将通过严格的随机性检验来验证该门课程教师与学生匹配的完全随机性。

（3）大学所属地和学生生源地之间的有效地理距离确保了在大学教育的课程安排过程中可以有效避免中小学分班过程中难以避免的家庭背景影响问题。

（4）学生基本信息的可得性为本书选用学生所在行政班级和课程班级层面数据衡量学生学习过程中的"同伴效应"提供

了可能。

（5）CET－4 成绩中阅读成绩的获取难能可贵，这为验证教师差异化对学生学业发展的长期影响提供了更加可靠的数据保证。

（6）学生评教数据的运用为本书从学生学习体验和学习过程的角度衡量教师差异化问题提供了较好的视角，有效地避免了"窄化"学生学业发展的问题。

3.2.3　随机性检验

本书数据样本大学英语精读（一）课程中师生匹配的随机性来源于 A 大学教务处针对需要修读该课程的大一新生的一项独特制度规定——大学英语精读（一）课程由于在新生入校后的第一学期开设，所以，该课程的分班由教务处采用排课系统软件随机安排。这一制度安排有效地避免了学生在修读大学英语精读（一）课程时可能会出现的自选择问题。同时，除极个别班级会因为学生不同课程上课时间的冲突而导致与设定的课程容量范围略有出入外，每个班级都按照 40 ± 3 人的课容量控制修课人数。这一做法有效控制了不同班级之间由于班级规模差异可能带来的规模效应。此外，虽然讲授该课程的老师有该校全职在编的副教授、讲师，也有兼职的本校在读硕士教师、外聘教师，但是在整个教学过程中所有任课教师被要求采用同样的教材和同样的教学进度，在考试中统一命题，流水阅卷。

1. 师生匹配问题的制度保证

在教育增值评估中，"Rothestein 批判"十分值得关注，如果学生分班并非随机，而是优秀的学生分配到优秀的老师，或者学生的家庭背景等因素影响了师生匹配的随机性，就可能导致教育增值评估的偏误。虽然学校统计数据的不断完善为教师教学评估的研究提供了数据基础，但是自选择问题一直困扰着这一研究领域——如果学生分班并非随机，那么学生就会根据自己的偏好选择老师，这就可能导致教育增值评估的偏误。排除自选择的干扰是得到教师增值评估一致性估计的前提。本书的研究设计来源于 A 大学教务处对修读大学英语精读（一）课程学生的随机分配制度。这一制度安排从理论上保证了大一新生和大学英语精读（一）课程教师的随机匹配，分班过程和结果与学生英语水平、专业、教师教学质量和声望等因素无关[1]。

制度安排并不等同于现实结果。基础教育阶段学生"择校""择班""择师"现象十分普遍。不过，在本书的研究背景下，由于学生生源地与学校间的地理距离以及学生家庭对高等教育过程关注程度较弱，有效地阻止了师生匹配受学生家庭背景影响的现象，再加上新生并不了解教师信息，学生一般不会在教务系统排课完毕后要求更换大学英语精读（一）的任课教师。正是利用大学英语精读（一）学生教师匹配的随机性，本书得到大学英语精读（一）任课教师对学生短期乃至长期影响的一致性估计，帮助本书有效地规避了"Rothestein 批判"。

2. 利用再抽样技术进行假设检验

教师学生匹配的随机性是本书研究设计得以成立的前提。为

---

[1] 从大一下学期开始，课程安排不再随机，从大学英语精读（二）课程开始，学生可以选择教师。只有当选课人数超过课容量的情况下，选课系统才会进行随机分配。

了验证这一前提是否成立，本书采用再抽样技术检验了学生分班的随机性（Lehmann & Romano，2005；Good，2006），并从学生特征和教师特征两个视角对学生分班的随机性进行了检验，结果如表 3 – 10 所示。

表 3 – 10　大学英语精读（一）教师学生匹配的随机性检验

		2006 级样本	2007 级样本	2008 级样本	2010 级样本	全体样本
基于学生入学测试的检验	P（均值和标准差）	0.501	0.583	0.519	0.550	0.538
		(0.358)	(0.353)	(0.310)	(0.359)	(0.343)
	卡方拟合优度检验（H_0:P 服从均匀分布）	0.130	0.795	0.805	0.119	
		未拒绝 H_0	未拒绝 H_0	未拒绝 H_0	未拒绝 H_0	
基于教师类型的检验	全职在编教师	– 0.119	– 0.0188	0.0616	– 0.0166	– 0.0564
		(0.137)	(0.158)	(0.249)	(0.195)	(0.0816)
	本校在读硕士教师	0.127	– 0.171	0.114	0.166	0.0656
		(0.229)	(0.140)	(0.107)	(0.148)	(0.0720)
	外聘教师	0.284	– 0.164	0.110	0.0714	0.0728
		(0.170)	(0.353)	(0.203)	(0.166)	(0.104)
	样本量	37	37	38	37	149
	拟合优度	0.118	0.038	0.029	0.042	0.025

从学生特征的视角出发，检验思路如下：首先，采用入学测试笔试成绩度量学生的入学英语水平。其次，对每一个大学英语精读（一）课程班级，按照现实中的样本量随机抽样 10000 次。这样，针对每一个大学英语精读（一）课程班级，我们都有一个"真实课程班级"和 10000 个随机抽样形成的"虚拟课程班级"。随后，计算每个"真实课程班级"和"虚拟课程班级"的

入学测试成绩总分，此时，每个课程班我们都拥有一个"真实入学测试成绩总分"和 10000 个"虚拟入学测试成绩总分"。再次，我们就可以计算出每个课程班级"虚拟的入学测试成绩总分"低于"真实的入学测试成绩总分"的概率值 P。若现实中的学生分班是随机的，那么任意一个 0 ~ 1 的概率值 P 都有相同的机会被观察到，因此，重复抽样得到的概率值 P 应服从均匀分布。最后，作者对 P 是否服从 [0，1] 上的均匀分布进行了卡方拟合优度检验（Chi-square Test Goodness of Fit Test）。从表 3 - 10 上半部分可以看到，无论是分年级计算的 P 值还是采用全体样本计算的 P 值，均值都接近 0.5。而在随后假设检验中，四个年度的卡方拟合优度检验均未能拒绝随机分班的原假设。

随后，基于教师特征的检验设计视角，作者将重复抽样 10000 次计算得到的 P 值对教师类别进行了回归。承担大学英语精读（一）教学任务的教师可分为四类：全职在编副教授、全职在编讲师、本校在读硕士教师、外聘教师。表 3 - 10 下半部分给出了分年级数据回归的结果以及全体样本回归的结果。可以看到，同一变量不同年份的系数估计值有正有负，而且在全部 15 个系数估计值中，没有一个教师类别的系数估计值在 10% 的显著性水平下显著。这一结果表明，全职在编副教授、全职在编讲师、本校在读硕士教师、外聘教师四类教师的学生入学测试没有显著差异，没有证据可以否定学生分班的随机性。

从大一下学期开始，学生可以自由选课。只有在课程满员的情况下，才会由排课系统随机分配。为了验证这一问题，作者对大学英语精读（二）的分班进行了随机性检验，检验流程与大

学英语精读（一）相同，结果如表 3 – 11 所示。大学英语精读
（二）重复抽样 10000 次计算得到的 P 值均值在 0.36 ~ 0.42，低
于 ［0，1］ 随机分布的均值。全部四个年度的卡方拟合优度检
验均拒绝了随机分班的原假设。这说明大学英语精读（二）的
学生教师匹配存在明显的学生选择，针对大学英语精读（二）
教师的增值评估不可避免地会受到自选择问题的干扰。同样，在
大学英语精读（三）课程中同样存在自选择，因此，在下文衡
量教师差异化对学生学业发展的影响时，作者将以大学英语精读
（一）课程的相关要素为核心展开对该问题的研究分析。

表 3 –11 大学英语精读（二）教师学生匹配的随机性检验

	2006 级样本	2007 级样本	2008 级样本	2010 级样本	全体样本
P 值(均值和标准差)	0.362 (0.404)	0.416 (0.443)	0.370 (0.417)	0.378 (0.454)	0.379 (0.424)
卡方拟合优度检验 (H_0:P 服从均匀分布)	0.000 拒绝 H_0	0.000 拒绝 H_0	0.000 拒绝 H_0	0.000 拒绝 H_0	

3.2.4 模型设定

基于以上原因，研究不同类型任课教师是否会对学生学业产
出带来差异成为可能。本书将以教育增值法为基础，构建随机效
应模型，以班级和学生个体为研究单位，基于 A 大学 2006 ~
2010 年学生相关英语成绩的数据进行学校教育投入中的教师因
素与学生学业产出关系的实证研究，以期为利用教育生产函数框

架分析高等教育中的教师差异化与学生学业发展的相关性研究提供一个有益的借鉴，并为构建更加科学可行的教师评价指标提供科学依据。

相对于单纯的时间序列数据和截面数据而言，在动态分析、个体分析等方面，面板数据都具有无可比拟的优势，经过学者对早期北卡罗来纳和南卡罗来纳模型的反思后，教育增值评估普遍采用变截距模型（variable-intercept model），但需要讨论的是，具体应采取哪一种变截距模型。虽然随机效应模型（random effect model）是更有效的估计，但是从已有的研究成果来看，随机效应模型很少用于教师增值评估，因为随机效应估计量只有在教师影响与模型中其他解释变量无关时才是一致估计量。而当学生分班并非随机，尤其是学生会根据自身特征如上进心、学习兴趣、能力等因素"择班""择师"时，随机效应估计必然存在偏误。因此，无须要求教师影响与其他解释变量无关、适用条件更加宽松的固定效应模型在教师增值研究中使用最为广泛。也正是出于这个原因，用随机效应模型进行教师增值分析的研究就显得更有价值。

当我们关注的是"打包的"教师增值影响时，大多数研究从如下形式的基本模型出发：

$$A^n = f(A^0, F^{(n)}, P^{(n)}, \lambda^{(n)}, \alpha)$$

其中，A^n 代表第 n 学期时的学业成绩。F、P、λ 分别代表家庭、同伴和教师的影响。α 代表学生个人能力。上标 n 的引入意味着第 n 学期学业成绩是从初始到当下全部教育投入要素共同作用的结果。一般而言，上述模型还会包含学校和社区因素，不过在本书研究背景下，这两个因素可以忽略。A^0 是初始学业成绩，其引入在很大程度上缓解了缺乏历史信息造成的遗漏解释变量问题。

定义教师 j' 作为任课教师时学生 i 的第 n 次考试的潜在成绩为 $A_i^n(j')$，那么教师 j' 替代教师 j 对第 n 学期学业成绩的影响可以识别为 $\lambda_{j'}^n - \lambda_j^n = E\left[A_i^n(j') - A_i^n(j)\right]$。在更加一般化的、存在学生自选择的模型中，处理效应 $A_i^n(j') - A_i^n(j)$ 包含了许多结构参数的影响。但是，当学生教师匹配随机而排除自选择干扰后，简约式参数估计得到的 λ_j^n 可视为教师增值影响的无偏估计。

经过上文严格的随机性检验，我们发现，本书独特的研究设计保证了学生教师匹配的随机性，随机效应模型严格的应用前提得以成立。为了进一步验证这一假定，作者进行了豪斯曼检验，检验结果并没有拒绝固定效应估计和随机效应估计相等的原假设，因此，作者将在下文中采用随机效应模型进行估计。由于作者主要关注的是入门英语课程教师对本课程以及长期学业成绩的影响，借鉴托德、沃尔品（Todd & Wolpin）和切蒂等人（Chetty et al.）进行相关研究的模型设定形式，本书采用如下两方程模型考察教师的短期影响和长期影响：

$$\begin{pmatrix} A_{itj1jn}^1 \\ A_{itj1jn}^n \end{pmatrix} = \begin{pmatrix} A_i^0 & 0 \\ 0 & A_i^0 \end{pmatrix} \begin{pmatrix} \varphi^1 \\ \varphi^n \end{pmatrix} + \begin{pmatrix} X_{itj1} & 0 \\ 0 & X_{itjn} \end{pmatrix} \begin{pmatrix} \beta^1 \\ \beta^n \end{pmatrix} + \begin{pmatrix} \gamma_t^1 \\ \gamma_t^n \end{pmatrix} + \begin{pmatrix} \lambda_{j1}^1 + \lambda_{jn}^1 \\ \lambda_{jn}^1 + \lambda_{jn}^1 \end{pmatrix} + \begin{pmatrix} \varepsilon_{itj1jn}^1 \\ \varepsilon_{itj1jn}^n \end{pmatrix}$$

其中：上标 1 代表大学英语精读（一）期末考试，n 代表后续考试，即 2 代表大学英语精读（二）期末考试，3 代表大学英语精读（三）期末考试，4 代表 CET－4，4′代表 CET－4 中的阅读部分。下标 i 表示不同的学生个体，t 表示不同的入学年级，j 代表英语精读课程教师。大学英语精读（四）由于样本损失过大且期末考试时间与 CET－4 时间十分接近，本书未将其纳入研究范围进行分析。A^n 是学生的学业成绩产出，A^0 是学生的入学测试成绩，也就是该增值模型中的初始成绩变量，所有成绩均经过 z-score 标准化处理。X 为非教师因素的相关控制变量，包含学生个人的性别、年龄、生源地、民族等个体特征变量，也包含学生所在行政班级和课程班级的班级规模，还包含反映"同伴效应"的行政班级和课程班级平均入学成绩。控制课程班级的同伴效应和班级规模十分重要，学生教师匹配的随机性确保学生特征的遗漏不会影响到教师增值评估的一致性，但是无法阻止教师增值估计量 λ 中混入课程班级特征的影响。γ 为年级固定效应，ε 是包含了第 n 次考试测量误差的个人层面的随机误差项。

λ 是"打包的"教师增值影响，也是本书的研究核心[①]。λ_j 值越大代表教师水平越高。λ_j 的方差被用于衡量教师质量的差异。在本书的研究设计下，针对 λ 的设定，在衡量大学英语精读（一）教师对大学英语精读（一）课程的影响时，作者考虑了以下两种假设：

（1）教师的影响在观察期内保持稳定，不同年份的同一门课程教学效果相同；

（2）教师的影响在观察期内有变化，不同年份的同一门课

---

① 所有回归结果均在 stata 12 软件中使用 xtmixed 命令得出。

程教学效果不同。

两种假设下，计量结果略有区别，但不影响结论的一致性。

本书的目标是识别出教师和学生学业成绩间的因果联系。每一轮分析中，作者均在两个独立的随机效应回归模型中考察两类影响：

（1）大学英语精读（一）教师对大学英语精读（一）以及后续课程成绩的影响；

（2）后续课程教师对本课程成绩以及大学英语精读（一）课程成绩的影响[①]。

教师影响存在挥发性已经被许多研究证实（Rothstein，2010）。利用美国空军学院的随机分班数据，斯科特和詹姆斯（Scott E. Carrel & James E. West，2010）进一步发现，理工类入门课程教师的短期影响和长期影响存在不一致性，"为考试而教"和"为知识而教"的教师会有不一样的影响路径。在理工类入门课程中，"为考试而教"的老师虽然会对学生入门课程的成绩带来更大增值影响，但是这一影响仅限于当下；"为知识而教"的老师虽然对学生入门课程的成绩增值较小，但是会激发学生的学习兴趣，学生会选择更多难度较大的后续课程并且在这些后续课程上表现得更好。鉴于以往研究的发现，本书不仅考察了大学英语精读（一）教师对本课程的增值影响，还考察了大学英语精读（一）教师对随后精读课程成绩以及 CET - 4 成绩

---

① 后续课程教师对大学英语精读（一）课程成绩的影响，作为后续课程是否存在学生自选择的反事实检验。

的影响。此外，为了对教师影响有一个更全面的认识，作者还给出了后续精读课程任课教师影响的估计值。需要着重指出的是，后续课程的学生教师匹配已经不再具备随机性，存在明显的自选择问题，因此，这一部分的估计结果仅作参考。我们采用大学英语精读（一）课程成绩度量大学英语精读（一）教师对学生学业产出增值的短期影响，利用大学英语精读（二）和大学英语精读（三）的成绩度量大学英语精读（一）教师对学生学业产出增值的中期影响，利用 CET－4 的总分和阅读成绩作为教师对学生学业产出增值长期影响的度量。这一增值模型设定，可以帮助我们在了解大学英语精读（一）教师对学生学业产出增值影响大小的同时，观测英语阅读类课程中的教师要素是否存在挥发性。

3.3　本章小结

本章从样本学校的基本情况入手，选择了包括学生学业成绩和学生学习体验的综合指标，通过任课教师对学生学业成绩的促进和所获得的学生评价两个维度考察不同类型教师对学生学业效果的促进作用。并从研究假设出发，分析了样本数据的自身特点，确定了在教育生产函数框架下开展教育增值评价的实证方法，基于对相关课程的师生匹配随机性进行的严格检验构建了有效性更好的随机效应模型。

第4章 不同类型教师对学生
学业成绩的影响

本章的研究主要是从学生学业成绩的角度展开分析。作者认为，教师类型对学生学业成绩的影响应该分两个步骤，并基于两种假设分别考察短期、中期和长期三个阶段的不同影响。具体研究过程如下：

1. 两个步骤

首先，观测基于教师个体层面的影响，通过考察教师个体所教授学生的成绩增值来衡量单个教师对学生学业成绩产出的影响，将所有单个教师的影响汇总后得到教师对学生学业成绩的整体影响；接下来，观测基于教师类型层面的影响，在测算出每个学生学业成绩增值的基础上，将所有学生按照其授课教师的类型（全职在编副教授、全职在编讲师、本校在读硕士教师和外聘教师）进行分组汇总，然后计算出每个类型教师给学生学业成绩带来的不同增值情况，进而衡量教师类型对学生学业成绩的影响。

2. 两种假设

在模型设定和回归分析的过程中，本书基于两种不同的假设开展本章的研究：一种是假定教师的影响不随时间的变化而变化（在

表4-1的左半部分呈现），也就是说，作者认为，由于教师授课学期的跨度不大，在此期间教师在不同学期授课所产生的影响是相同的；另一种是假定教师的影响随着时间的变化而变化（在表4-1的右半部分呈现），在这种假设中，作者认为在本书所考察样本数据的时间跨度内，教师在不同学期授课的影响是不同的。

3. 三个阶段

从教育教学具体实践和教育经济学领域已有的研究范例来看，教师对学生学业成绩的影响在短期、中期和长期是不完全相同的。所以，本书通过衡量大学英语精读（一）教师对该课程成绩的影响得出教师短期影响的大小；通过衡量大学英语精读（一）教师对大学英语精读（二）和大学英语精读（三）课程成绩的影响得出教师中期影响的大小；通过衡量大学英语精读（一）教师对 CET-4 阅读部分的成绩和总分的影响得出教师长期影响的大小。需要特别说明的是，如上所述，只有大学英语精读（一）课程的师生匹配是完全随机的，所以，这里考察的都是该课程任课教师的影响。另外，这里短期、中期和长期三个阶段的划分并非依照严格的理论和学术标准，只是在学生修读课程和取得成绩的过程中客观存在着这样的时间顺序，所以，将学生获取不同学业成绩的时间进行大致的阶段划分。

4.1　教师个体对学生学业成绩的影响

本节分别讨论教师个体差异对学生学业发展的影响。第一部分考察短期影响和中期影响；第二部分考察长期影响。之所以将这三个时间阶段做这样的人为划分，是因为短期和中期影响的考察都是通过课程成绩指标来衡量的，而对于长期影响的考察则是通过 CET－4 的总分和阅读部分的成绩指标来衡量的。这两类指标最大的差异就是前者有相关的任课教师和可以量化课时的教学过程，可以考察后续精读课程教师对大学英语精读（一）课程成绩的影响；而 CET－4 既没有任课教师，也缺乏可以量化的学习时间。基于此，作者将短期和中期影响一起讨论，而将长期影响单独讨论。但由于二者在时间上具有连续性，为了更全面地描述一些整体趋势性的结论，作者将在本节的第三部分将整体趋势再做小结。

4.1.1　教师个体对学生学业成绩的短期影响及中期影响

如上所述，教师对学生学业成绩产出的短期影响和中期影响都是借助学生精读类课程成绩来衡量的，同时，为了方便对照和比较，本节将短期影响和中期影响的方差和协方差呈现在表 4－1 中。

表 4－1　教师个体对学生学业成绩短期影响和中期
影响的方差和协方差

假定教师的影响不随时间变化而变化			假定教师的影响随时间变化而变化			
大学英语精读（一）老师对大学英语精读（一）、（二）成绩的影响						
	估计值	标准误	95% 置信区间		估计值	标准误	95% 置信区间
$\mathrm{var}(\lambda_{j1}^{1})$	0.0367	0.0091	(0.0225, 0.0598)	$\mathrm{var}(\xi_{j1}^{1})$	0.0450	0.0102	(0.0289, 0.0703)
$\mathrm{var}(\lambda_{j1}^{2})$	0.0136	0.0043	(0.0073, 0.0253)	$\mathrm{var}(\xi_{j1}^{2})$	0.0147	0.0047	(0.0079, 0.0275)
$\mathrm{cor}(\lambda_{j1}^{1}\lambda_{j1}^{2})$	0.0066	0.0046	(－0.0025, 0.0156)	$\mathrm{cor}(\xi_{j1}^{1}\xi_{j1}^{2})$	0.0019	0.0047	(－0.0073, 0.0112)

续表

假定教师的影响不随时间变化而变化				假定教师的影响随时间变化而变化			
大学英语精读（二）老师对大学英语精读（一）、（二）成绩的影响							
	估计值	标准误	95% 置信区间		估计值	标准误	95% 置信区间
var(λ_{j2}^{1})	9.78E - 13	6.52E - 12	(2.08E - 18, 4.59E - 07)	var(ξ_{j2}^{1})	0.0028	1.90E - 03	(1.25E - 04, 1.79E - 02)
var(λ_{j2}^{2})	0.0511	0.0119	(0.0324, 0.0807)	var(ξ_{j2}^{2})	0.0549	0.0109	(0.0371, 0.0811)
大学英语精读（一）老师对大学英语精读（一）、（三）成绩的影响							
	估计值	标准误	95% 置信区间		估计值	标准误	95% 置信区间
var(λ_{j1}^{1})	0.0240	0.0073	(0.0133, 0.0435)	var(ξ_{j1}^{1})	0.0256	0.0072	(0.0147, 0.0445)
var(λ_{j1}^{3})	0.0021	0.0023	(0.0003, 0.0169)	var(ξ_{j1}^{3})	0.0063	0.0034	(0.0022, 0.0181)
cor($\lambda_{j1}^{1}\lambda_{j1}^{3}$)	0.0043	0.0030	(-0.0017, 0.0102)	cor($\xi_{j1}^{1}\xi_{j1}^{3}$)	0.0075	0.0040	(-0.0003, 0.0153)
大学英语精读（三）老师对大学英语精读（一）、（三）成绩的影响							
	估计值	标准误	95% 置信区间		估计值	标准误	95% 置信区间
var(λ_{j3}^{1})	1.00E - 20	6.76E - 20	(1.83E - 26, 5.49E - 15)	var(ξ_{j3}^{1})	4.08E - 19	3.04E - 18	(1.84E - 25, 9.07E - 13)
var(λ_{j3}^{3})	0.0230	0.0083	(0.0114, 0.0465)	var(ξ_{j3}^{3})	0.0253	0.0078	(0.0138, 0.0464)

表 4 - 1 中报告了后续课程教师对大学英语精读（一）课程成绩的影响，这是作为后续课程是否存在学生自选择的反事实检

验。如果后续课程的教师学生匹配与学生成绩无关，那么后续课程教师对大学英语精读（一）成绩影响的方差估计值应该为 0。表 4-1 显示，当假设教师的影响随时间变化而变化时，var (λ_{j2}^1) 和 var (λ_{j3}^1) 表示大学英语精读（二）和大学英语精读（三）教师对大学英语精读（一）成绩影响的方差，估计值分别为 0.0028 和 4.08E-19。受大学英语精读（三）高水平学生样本严重流失的影响，var (λ_{j3}^1) 可能存在低估。不过 var (λ_{j2}^1) 的估计结果足以再一次说明，从第二学期开始自选择问题已然存在。

表 4-1 给出了教师影响 λ 的方差和协方差，这里需要注意的是，在第一个 Panel 中使用的是大学英语精读（一）和大学英语精读（二）数据，由于有 200 多个学生因为各种原因未修大学英语精读（二），有效学生数为 5065 个；第二个 Panel 使用的是大学英语精读（一）和大学英语精读（三）数据，由于大学英语精读（三）选课人数大幅度减少，有效学生数仅 3781 个。由于在不同的 Panel 中样本量并不相同，因而大学英语精读（一）教师对该课程的影响也有所差异。在同时以大学英语精读（一）考试成绩和大学英语精读（二）考试成绩为样本组所得到的回归结果中，var (λ_{j1}^1) 的估计值为 0.0367，在同时以英语精读（一）考试成绩和大学英语精读（三）考试成绩为样本组所得到的回归结果中，var (λ_{j1}^1) 的估计值为 0.0240，这就是因为修读大学英语精读（三）的人数减少，造成了样本的损失，因此，不同样本组的样本量产生了较大的差异。通过对表 4-1 的分析可以得到这样几个发现：

1. 教师个体对学生学业成绩的短期影响和中期影响都比较显著

（1）教师个体对学生学业成绩的影响在短期内最为显著。

如表 4 - 1 所示，在假定教师的影响不随时间变化而变化的时候，大学英语精读（一）课程教师对学生大学英语精读（一）课程成绩的方差在不同样本组的大小分别为 0.0367 和 0.0240，在 95% 水平下的置信区间为（0.0225，0.0598）和（0.0133，0.0435）；当假定教师的影响随着时间变化而变化的时候，大学英语精读（一）课程教师对学生大学英语精读（一）课程成绩的方差在不同样本组的大小分别为 0.0450 和 0.0256，比在第一个假设下的数值还略有增加，在 95% 水平下的置信区间为（0.0289，0.0703）和（0.0147，0.0445），这表明，从大学英语精读（一）课程的考察中可以发现教师个体对学生学业成绩的短期影响是显著的。按照一般实证研究的做法来说，接下来应该用大学英语精读（二）课程教师对大学英语精读（二）课程成绩和大学英语精读（三）教师对大学英语精读（三）成绩的影响来观测教师个体差异对学生学业成绩的短期影响。但是，正如第 3 章样本描述部分的介绍，由于大学英语精读（二）课程和大学英语精读（三）都是由学生自行选课，无法满足师生匹配的随机性，所以，虽然回归结果显示通过大学英语精读（二）课程和大学英语精读（三）教师对本课程的短期影响也是显著的［在假定教师的影响不随时间变化而变化时，$\mathrm{var}（\lambda_{j2}^{2}）$ 和 $\mathrm{var}（\lambda_{j3}^{3}）$ 的估计值分别是 0.0511 和 0.0230；在假定教师的影响随时间变化而变化时，$\mathrm{var}（\xi_{j2}^{2}）$ 和 $\mathrm{var}（\xi_{j3}^{3}）$ 的估计值分别是 0.0549 和 0.0253］，但是本书并不以此作为验证教师个体对学生学业成绩短期影响显著性的依据。

（2）教师个体对学生学业成绩的中期影响也比较显著。表

4-1 的结果显示，在假定教师的影响不随时间变化而变化的时候，大学英语精读（一）教师对学生大学英语精读（二）课程成绩的方差为 0.0136，在 95% 水平下的置信区间为（0.0073，0.0253）。大学英语精读（一）教师对学生大学英语精读（三）课程成绩的方差为 0.0021，在 95% 水平下的置信区间为（0.0003，0.0169）。这表明，在该假设下大学英语精读（一）教师对这两门课程中学生的学业成绩的影响显著。当假定教师的影响随着时间变化而变化的时候，大学英语精读（一）教师对学生大学英语精读（二）课程成绩的方差为 0.0147，在 95% 水平下的置信区间为（0.0079，0.0275）。大学英语精读（一）教师对学生大学英语精读（三）课程成绩的方差为 0.0063，在 95% 水平下的置信区间为（0.0022，0.0181）。这表明，在第二种假设下大学英语精读（一）教师对这两门课程中学生的学业成绩产出的影响也显著。据此可以得出，通过考察大学英语精读（一）教师对后续两门课程中学生学业成绩的影响，发现教师个体对学生学业成绩的中期影响是显著的。

利用表 4-1 中的协方差和方差估计值，作者基于教师的影响随时间变化而变化的假设，计算了大学英语精读（一）教师对大学英语精读（一）课程考试和后续考试 [大学英语精读（二）、大学英语精读（三）、CET-4 及其阅读部分] 成绩影响的相关系数，分别为 0.04、0.29、0.08、0.02。对于不同时期教师影响的相关性，需要十分谨慎地诠释。虽然随机分班帮助本书摆脱了自选择的干扰，但是这并不意味着所有估计都是无偏误的，测量误差的跨期相关性需要特别关注——学生考试成绩会围绕真实学业水平上下波动，上一次考试表现好的学生下次考试成绩下滑的概率较大，即所谓的"回归平均水平"（mean reversion）现象。在这一机制的作用下，有可能大幅度低估教师短期影响和中长期影响的相关性。

2. 教师个体对学生学业成绩的短期影响和中期影响在方向上具有一致性

图 4 - 1 描绘了大学英语精读（一）教师对该课程成绩以及后续课程成绩随机效应的贝叶斯压缩估计（Bayesian Shrinkage Estimates），提供了一个更加直观的展示。其中，左边两个是在不同假定下大学英语精读（一）教师对学生该课程成绩的影响和该老师对大学英语精读（二）课程成绩的影响在一个坐标中的同时呈现，右边两个是大学英语精读（一）教师对学生该课程成绩的影响和该老师对大学英语精读（三）课程成绩的影响在一个坐标中的同时呈现。从图 4 - 1 可以明显看出，不论是基于何种假设，图形在坐标中都是向右上方倾斜的，这说明，大学英语精读（一）教师对该课程成绩的影响及该教师对后续两门英语精读课程成绩的影响在方向上是一致的，也就是说，教师个体对学生学业成绩的短期影响和中期影响在方向上具有一致性。

3. 教师个体对学生学业成绩的短期影响大于中期影响，即教师要素的影响效应在中期内存在显著的挥发性

从已有文献对教师要素影响效应挥发性的规范研究来看，通常采用的做法是衡量教师要素在连续相关课程中对学生学业产出的影响，例如，有连续相关的三门课程，这三门课程在开设时间上是按照 A、B、C 的顺序开设的，那么，只要能通过验证得到

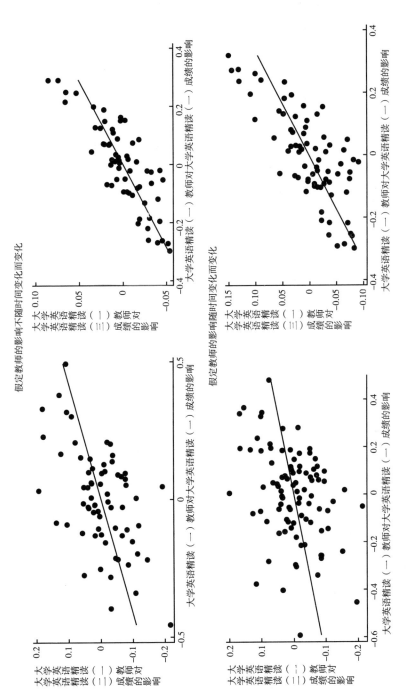

图 4 - 1　教师个体对学生学业成绩短期影响及中期影响的散点图

教师在这三门课程中对学生学业产出的影响遵循 A > B > C 的特点，就可以证明教师要素的影响效应存在挥发性。虽然本书的研究也得到了这个结论，如表 4 - 1 所示，在假定教师的影响不随时间变化而变化时，不论在哪个样本组，大学英语精读（一）教师对大学英语精读（一）成绩影响的方差估计值（0.0367 或 0.0240）都大于大学英语精读（一）教师对大学英语精读（二）成绩影响的方差估计值 0.0136，同时还有 var（λ_{j1}^2）= 0.0136 > var（λ_{j1}^3）= 0.0021，即有 A > B > C 存在。同样，在假定教师的影响随时间变化而变化时，不论在哪个样本组，大学英语精读（一）教师对大学英语精读（一）成绩影响的方差估计值（0.0450 或 0.0256）都大于大学英语精读（一）教师对大学英语精读（二）成绩影响的方差估计值 0.0147，同时还有 var（ξ_{j1}^2）= 0.0147 > var（ξ_{j1}^3）= 0.0063，即有 A > B > C 存在。由此可以看出，不论基于何种假设和样本组，都可以得到 A > B > C 的结论，也就是说，教师要素的影响效应存在挥发性。

但是，本书的研究无法回避的一个问题就是，由于大学英语精读（二）和大学英语精读（三）是由学生自行选课，无法要求所有修读过大学英语精读（一）的学生都选择修读这两门课程，因此，修读大学英语精读（二）和大学英语精读（三）的学生数和修读大学英语精读（一）的学生数相比逐步减少，这种客观情况一方面造成大学英语精读（一）和大学英语精读（二）以及大学英语精读（一）和大学英语精读（三）两个样本组样本数量存在较大差异，另一方面，样本的大量损失也使得本书的研究无法将同时拥有入学测试笔试成绩和这三门精读课程成绩的学生作为样本。因此，本书在研究教师个体对学生学业产出影响效应的挥发性问题时就不能把大学英语精读的这三门课程作为同一样本组的三门关联课程进行连续考察。也就是说，本书如果直接采用杰西（Jesse Rothstein）在其著名的《教育生产中的教师质量——追踪、衰变与学生成就》一文中所采用的追踪相同学生样本在连续课程中的增值的方法来研究教师影响效应的挥发性问题显然不够严密。因此，根据本书的研究数据特征，我们将传统实证研究通过验证 A > B > C 来验证挥发性的做法调整为通过验证 A > B 和 A > C 同时成立的做法，也就是说，本书将大学英语精读（二）和大学英语精读（三）作为衡量中期影响的并无时间先后差异的参考指标，A > B 和 A > C 的同时成立是对存在挥发性结论的双重认定和巩固。基于这种调整，当假定教师的影响不随时间变化而变化时，大学英语精读（一）教师对大学英语精读（一）成绩影响的方差估计值 var（λ_{j1}^{1}）为 0.0367，明显大于大学英语精读（一）教师对大学英语精读（二）成绩影响的方差估计值 var（λ_{j1}^{2}）0.0136，同样，var（λ_{j1}^{1}）0.0240 明显大于 var（λ_{j1}^{3}）0.0021，也就是说，var（λ_{j1}^{1}）> var（λ_{j1}^{2}）和 var（λ_{j1}^{1}）> var（λ_{j1}^{3}）同时成立；当假定教师的影响随着时间变化而变化时，也有 var（ξ_{j1}^{1}）= 0.045 > var（ξ_{j1}^{2}）= 0.0147 和 var（ξ_{j1}^{1}）= 0.0256 > var（ξ_{j1}^{3}）= 0.0063 同时成立，因此，根据调整后的判定标准，本书的研究依然可以证明，对大学英语精读类课程来说，教师个体在学生学业成绩影响效应中确实存在显著的挥发性。

4.1.2 教师个体对学生学业成绩的长期影响

如第 3 章所述，本书选择在考试时间和考生数量上都略胜一筹的 CET - 4 成绩来衡量教师个体对学生学业成绩的长期影响，由于 CET - 4 是体现学生综合英语水平的一种测试，作者认为该考试中的阅读部分与大学英语精读课程的关系更为紧密，因此，本书同时测算了大学英语精读（一）教师对 CET - 4 阅读部分和总分的影响。如表 4 - 2、图 4 - 2 所示，当假定教师的影响不随时间变化而变化时，有 $\mathrm{var}\,(\lambda_{j1}^4) = 0.0001 > > \mathrm{var}\,(\lambda_{j1}^{4'}) = 6.00E - 06$；同时，当假定教师的影响随时间变化而变化时，有 $\mathrm{var}\,(\xi_{j1}^4) = 0.0004 > > \mathrm{var}\,(\xi_{j1}^{4'}) = 1.62E - 05$，因此，不论基于

表 4 - 2　教师个体对学生学业成绩短期影响及长期影响的方差和协方差

假定教师的影响不随时间变化而变化			假定教师的影响随时间变化而变化		
大学英语精读（一）老师对大学英语精读（一）和 CET - 4 阅读成绩的影响					
	估计值	95% 置信区间		估计值	95% 置信区间
$\mathrm{var}(\lambda_{j1}^1)$	0.0443	(0.0286, 0.0687)	$\mathrm{var}(\xi_{j1}^1)$	0.0519	(0.0352, 0.0764)
$\mathrm{var}(\lambda_{j1}^4)$	0.0001	(3.61E - 07, 0.0371)	$\mathrm{var}(\xi_{j1}^4)$	0.0004	(1.15E - 05, 0.0109)
$\mathrm{cov}(\lambda_{j1}^1\lambda_{j1}^4)$	0.0023	(-0.0043, 0.0089)	$\mathrm{cov}(\xi_{j1}^1\xi_{j1}^4)$	0.0043	(-0.0032, 0.0118)
大学英语精读（一）老师对大学英语精读（一）和 CET - 4 总分的影响					
$\mathrm{var}(\lambda_{j1}^1)$	0.0462	(0.0305, 0.0701)	$\mathrm{var}(\xi_{j1}^1)$	0.0556	(0.0389, 0.0794)
$\mathrm{var}(\lambda_{j1}^{4'})$	6.00E - 06	(1.45E - 06, 2.49E - 05)	$\mathrm{var}(\xi_{j1}^{4'})$	1.62E - 05	(5.50E - 11, 4.7835)
$\mathrm{cov}(\lambda_{j1}^1\lambda_{j1}^{4'})$	0.0005	(0.0001, 0.0009)	$\mathrm{cov}(\xi_{j1}^1\xi_{j1}^{4'})$	0.0009	(-0.0050, 0.0069)

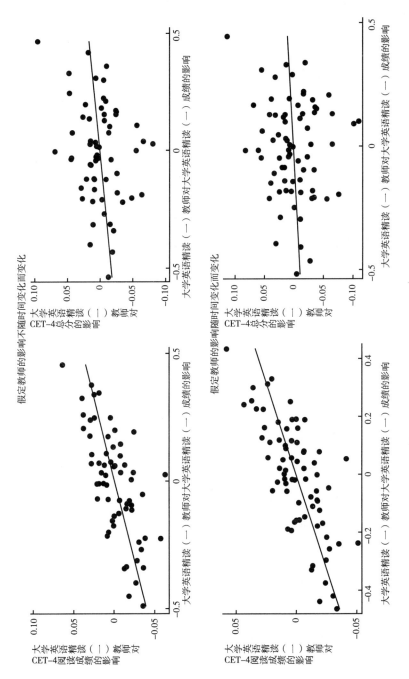

图 4 - 2　教师个体对学生学业成绩短期及长期影响的散点图

何种假设，大学英语精读（一）教师对 CET - 4 阅读成绩的影响都远大于对 CET - 4 总分的影响，这也就验证了 CET - 4 阅读部分与大学英语精读课程的关系更为紧密的经验判断。有鉴于此，本书此后的相关研究都只考虑 CET - 4 阅读部分的成绩，不再对 CET - 4 的总分进行讨论。

通过分析教师个体对学生学业成绩短期影响及长期影响的方差和协方差以及散点图，可以得到如下结论：

1. 教师个体对学生学业成绩的长期影响虽显著，但明显较弱，教师影响效应的挥发性在长期依然显著存在

当假定教师的影响不随时间变化而变化时，大学英语精读（一）的教师对 CET - 4 阅读成绩影响的方差估计值为 0.0001，在 95% 水平下的置信区间为（3.61E - 07，0.0371），这表明从长期来看，教师个体差异对学生学业成绩的影响仍然显著，但是跟大学英语精读（一）教师 $\mathrm{var}\ (\lambda_{j1}^{1})$ = 0.0443 的估计值和（0.0286，0.0687）的 95% 水平置信区间相比，这种长期影响已经明显减弱。当假定教师的影响随时间变化而变化时，大学英语精读（一）的教师对 CET - 4 阅读成绩影响的方差估计值为 0.0004，在 95% 水平下的置信区间为（1.15E - 05，0.0109），同样可以看出，教师个体对学生学业成绩的长期影响仍然显著，但是相比于大学英语精读（一）教师 $\mathrm{var}\ (\xi_{j1}^{1})$ = 0.0519 的估计值和（0.0352，0.0764）的 95% 水平置信区间，长期的影响效应很明显在减弱。因此，可以得到，不论基于何种假设，作者都可以发现教师个体对学生学业成绩的长期影响仍然显著，但明显减弱，而且这种影响效应的挥发性和中期影响效应相比更加明显。

2. 教师个体对学生学业成绩的短期影响和长期影响在方向上仍然具有一致性

如图 4-2 所示，四个散点图中的左边两个是在不同假定下大学英语精读（一）教师对学生该课程成绩的影响和该老师对 CET-4 阅读成绩的影响在一个坐标中的同时呈现，右边两个是大学英语精读（一）教师对学生该课程成绩的影响和该老师对 CET-4 总分的影响在一个坐标中的同时呈现。从图 4-2 中可以明显看出，不论基于何种假设，图形在坐标中都是向右上方倾斜的，这说明，大学英语精读（一）教师对该课程成绩的影响及该教师对 CET-4 阅读成绩和总分的影响在方向上是一致的，也就是说，教师个体对学生学业成绩的短期影响和长期影响在方向上具有一致性。

4.1.3　教师个体对学生学业成绩的影响小结

结合本节前两部分的分析论证，我们可以得出如下结论：

（1）教师个体对学生学业成绩的短期影响、中期影响和长期影响具有方向上的一致性；

（2）教师个体对学生学业成绩的短期影响、中期影响和长期影响都显著；

（3）教师个体影响效应的挥发性显著存在，而且从中期到长期的挥发性比从短期到中期的挥发性要更加明显。

另外，通过对比分析本书与斯科特和詹姆斯（Scott. E. Carrel & James E. West，2010）针对理工类课程的结论，二者在教师要素对学生学业成绩的各个时期影响问题上得到的结论并不一致。本书研究发现，大学英语精读（一）教师的短期影响和中长期影响是一致的，短期教学效果好、学生学业增值大的教师，其长期教学效果也好。在认真对比两个研究的数据特征、技术方法以及研究规范之后，作者认为，这种不一致的主要来源可能在于语言类课程有着不同于微积分等自然科学课程的属性，这两种学科门类本身在教学过程和教学特点上存在明显的差异。不同的学科门类中教师个体对学生学业成绩的影响方式会有不同。斯科特和詹姆斯利用美国空军学院的随机分班数据发现，自然科学课程教学中明显存在"为知识而教"和"为考试而教"两种教学导向，秉承这两种教学导向的教师对学生学业产出会有不一样的影响路径。"为知识而教"的老师会侧重于帮助学生构建更加合理的知识结构，同时授予学生分析和解决问题的能力，注重学生的深度学习而不太看重考试成绩，这种教师对学生微积分（一）课程的成绩增值较小，但是会激发学生的学习兴趣，学生会在难度较大的微积分（二）课程中有更好的表现；"为考试而教"的老师会侧重于讲解考试所需要的知识本身，关注考试成绩而忽略对学生深入学习的启发和引导，这虽然会对学生该课程的成绩带来更大增值影响，但是这一影响仅限于短期。通常来说，自然科学类课程的教师本身是更加侧重于短期知识还是更加侧重于长期能力的特点都比较明确，这两种在一定程度上互斥的教学引导方式使得短期效果好的老师和长期效果好的老师通常不是同一批人。相反，社会科学类的课程，如大学英语精读，课程本身所要求的知识和读写能力具有高度的统一性，课程教学过程中上述对立的两种教学导向并不明显，因此，英语精读入门课程教师的长短期影响是一致的，短期教学效果好的老师往往也是长期效果好的老师。因此，通过本书的分析，我们认为教师个体对学生学业成绩的影响方式在不同的学科门类中会有不同。

4.2　不同类型教师对学生学业成绩的影响

4.2.1　不同类型教师授课分布情况概述

在上文中，作者从个体层面分析了教师对学生的短期影响、中期影响和长期影响。本节将从类型层面研究教师对学生学业成绩的影响，而教师类型的不同正是本书研究的缘起，所以本节将先对教师类型进行概述。

高校扩招以来，高等教育师资不足问题日益突出，由于公办大学的教师招聘并不完全取决于教学需求，在很大程度上受到编制、科研压力等多种因素的影响。而全职在编教师特别是教授在开展公共课程教学的过程中缺乏相应的激励[①]，再加上各种商业课程班、培训班的开设，又占据了相当一部分教师资源。面对在很多全校性公共课程（例如本书研究的大学英语精读类课程）的教学过程中教师资源不足的问题，很多大学普遍聘用了临时教师作为公共课任课教师的补充，这些非在编教师在学校的公共课

---

① 浙江大学为两位常年坚持在教学第一线的教授颁发了"浙江大学心平奖教金"100万的奖励。这一新闻更加说明当前高校教师缺乏教学激励。重金奖励虽然可以引起教师对教学的关注，但是覆盖面太窄，不足以形成普遍的激励。《浙江大学两教授坚持本科教学获 100 万元奖励》，《新京报》2013 年 9 月 18 日。

程教学中发挥了不容忽视的作用。图 4 - 3 给出了 A 大学 2005 ~ 2010 年的大学英语精读（一）课程的任课教师类别分布情况。2006 年 10 月，教育部对 A 大学进行本科教学水平评估，因此，该年度 A 大学招聘了大量新教师，所以 2006 年、2007 年非在编教师承担大学英语精读（一）的比例很低。2008 年，奥运会在北京召开，A 大学许多英语教师成为奥运会志愿者，承担翻译和外宾陪同工作，因此，该年度大学英语精读（一）的课程大量交由本校在读硕士教师和外聘教师承担。2009 年，全职在编老师上课比例恢复到奥运前水平，但是外聘老师增加，本校在读硕士教师代课比例下降。2010 年，A 大学英语学院开设了大量面向社会和企业的培训班（如笔译班、口译班、企业高管培训），占用了大量全职在编师资，非在编教师任课比例增大。

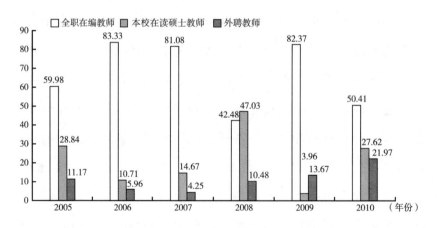

图 4 - 3　全部学生大学英语精读（一）任课教师类型

如第 3 章所述，由于考察精读教师增值影响的短期影响、中期影响和长期影响，需要使用入学测试笔试成绩、大学精读课程

的期末成绩和 CET - 4 成绩，因此，各类英语成绩的可获得性是
本书最终使用样本的关键约束条件。由于 2005 年以前和 2009 年
的入学测试笔试成绩缺失，因此，本书分析中考察教师短期影响
和中期影响时使用的数据年份为 2006 年、2007 年、2008 年和
2010 年。另外，本书的数据收集时间为 2011 年，当时无法获得
2010 级学生的CET - 4 成绩（按照市教育委员会和国家英语四、
六级考试中心的要求，A 大学学生在二年级下学期才能够报名参
加），因此，教师长期影响的分析采用 2006 ~ 2008 级学生数据。
在以上条件约束下，本书研究样本中大学英语精读（一）课程
任课教师类型分布如图 4 - 4 所示。

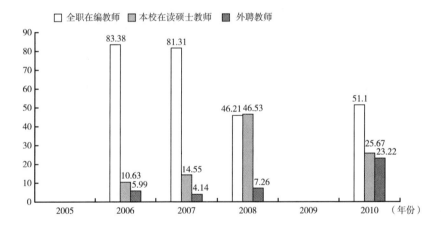

图 4 - 4　研究样本中大学英语精读（一）任课教师类型

　　虽然在研究样本的筛选中剔除了缺乏入学测试成绩、大学
英语精读（一）、（二）、（三）课程成绩和 CET - 4 成绩中任
一成绩的学生，这导致全部学生和研究样本中大学英语精读
（一）任课教师的类型分布有所差异，但是对照图 4 - 3 和图

4-4后可以发现，研究样本中任课教师的类型分布与全部学生任课教师的类别分布高度吻合，并没有因样本的损失造成严重的差异，因此，从这个角度来说，根据本书研究样本数据所进行的量化分析结果偏误不大，真实可靠。

在4.1对教师个体的研究分析中，分别讨论了教师的影响不随时间变化而变化和教师的影响随时间变化而变化两种情况，通过对两种假设下回归结果的对比分析，发现两种假设下教师个体差异的影响结论具有高度的一致性，因此，为了让研究结果能够更加聚焦，在教师类型影响的研究中将只基于一种假设进行分析。从教学管理的实践经验来看，同一教师在不同学期的授课状况会有所不同。有鉴于此，本节研究将基于教师的影响随时间变化而变化的假定展开。

4.2.2　对学生学业发展影响的教师类型间差异

将全职在编教师按职称进行划分后，得到的四类授课教师群体在不同的时期教师增值评估的平均值，体现出对学生学业成绩的不同影响，可以得到表4-3中教师类型对学生学业成绩各时期影响的估计结果。

对该表的分析能够得到以下结论：

1. 外聘教师对学生学业成绩的影响在短期、中期和长期都体现出明显优势

如表4-3中最后一部分所示，外聘教师对大学英语精读（一）成绩影响的增值均值为0.0448，对大学英语精读（二）成绩影响的增值均值为0.0296，对大学英语精读（三）成绩影

表 4 - 3　教师类型对学生学业成绩各时期影响的估计结果

教师类别		假定教师的影响随时间变化而变化				
		样本值	均值	标准差	最小值	最大值
全职在编副教授	对大学英语精读(一)成绩的影响	36	- 0.0150	0.2197	- 0.6425	0.2751
	对大学英语精读(二)成绩的影响	36	- 0.0082	0.0832	- 0.2170	0.1669
	对大学英语精读(三)成绩的影响	28	- 0.0011	0.0615	- 0.0826	0.1424
	对 CET - 4 阅读成绩的影响	28	0.0029	0.0245	- 0.0416	0.0578
全职在编讲师	对大学英语精读(一)成绩的影响	21	- 0.0016	0.1649	- 0.3152	0.3245
	对大学英语精读(二)成绩的影响	21	- 0.0130	0.0780	- 0.1084	0.2009
	对大学英语精读(三)成绩的影响	18	- 0.0077	0.0471	- 0.0911	0.0996
	对 CET - 4 阅读成绩的影响	18	- 0.0044	0.0156	- 0.0277	0.0284
本校在读硕士教师	对大学英语精读(一)成绩的影响	26	0.0049	0.2159	- 0.4487	0.4767
	对大学英语精读(二)成绩的影响	26	0.0106	0.0806	- 0.1968	0.1665
	对大学英语精读(三)成绩的影响	21	- 0.0033	0.0596	- 0.0837	0.1478
	对 CET - 4 阅读成绩的影响	21	- 0.0025	0.0206	- 0.0511	0.0274
外聘教师	对大学英语精读(一)成绩的影响	10	0.0448	0.2017	- 0.2746	0.3332
	对大学英语精读(二)成绩的影响	10	0.0296	0.0582	- 0.0525	0.1536
	对大学英语精读(三)成绩的影响	6	0.0399	0.0521	- 0.0241	0.1302
	对 CET - 4 阅读成绩的影响	6	0.0056	0.0174	- 0.0136	0.0263

响的增值均值为 0.0399，对 CET - 4 阅读成绩影响的增值均值为 0.0056，这几个数值都为正值，这就意味着其增值均值都高于增值的平均水平，也就是说，无论在以大学英语精读成绩来观测的短期影响和中期影响中，还是在以 CET - 4 阅读成绩来观测的长期影响中，外聘教师都体现出明显的优势。

2. 全职在编讲师对学生学业成绩的影响在短期、中期和长期都处于劣势

如表 4 - 3 中第二部分所示，全职在编讲师对大学英语精读（一）成绩影响的增值均值为 - 0.0016，对大学英语精读（二）成绩影响的增值均值为 - 0.0130，对大学英语精读（三）成绩影响的增值均值为 - 0.0077，对 CET - 4 阅读成绩影响的增值均值为 - 0.0044，这几个数值都为负值，这就意味着其增值均值都低于增值的平均水平，也就是说，无论在以大学英语精读成绩来观测的短期影响和中期影响中，还是在以 CET - 4 阅读成绩来观测的长期影响中，全职在编讲师都处于明显的劣势。虽然从实际的教学监控经验来看，全职在编讲师的教学水平和对学生学业的促进作用确实存在令人质疑的地方，但实证结果揭示的结论还是多少有些令人吃惊，作为中青年教师中高学历代表的全职在编讲师为什么没有在学生的学业发展中起到如外界期待的作用，将成为本书关注的另一个问题并在下文被详细论述。

3. 全职在编副教授对学生学业成绩的影响长期好于短期

如表 4 - 3 中第一部分所示，全职在编副教授对大学英语精读（一）成绩影响的增值均值为 - 0.0150，对大学英语精读（二）成绩影响的增值均值为 - 0.0082，对大学英语精读（三）成绩影响的增值均值为 - 0.0011，这几个数值都为负值，这就意味着其增值均值都低于增值的平均水平，也就是说，在以大学英语精读成绩来观测的短期影响和中期影响中，全职在编副教授都处于较明显的劣势；对 CET - 4 阅读成绩影响的增值均值为 0.0029，为正值，这就说明其增值均值高于增值的平均水平，也就是说，在以 CET - 4 阅读成绩来观测的长期影响中，全职在编副教授具有一定的优势。鉴于此，可以发现，全职在编副教授对学生学业成绩的影响长期好于短期。

4. 本校在读硕士教师对学生学业成绩的影响短期好于长期

如表 4 - 3 中第三部分所示，本校在读硕士教师对大学英语精读（一）成绩影响的增值均值为 0.0049，表明其增值均值高于增值的平均水平，用该成绩来衡量的短期影响处于优势。本校在读硕士教师对大学英语精读（二）成绩影响的增值均值为 0.0106，对大学英语精读（三）成绩影响的增值均值为 - 0.0033，这两门课程的成绩作为衡量中期影响的数值有正有负，说明其中期影响具有不稳定性。但对 CET - 4 阅读成绩影响的增值均值为 - 0.0025，为负值，这就说明其增值均值低于增值的平均水平，也就是说，在以 CET - 4 阅读成绩来观测的长期影响中，本校在读硕士教师处于劣势。因此，可以发现，本校在读硕士教师对学生学业成绩的影响短期好于长期。虽然中期影响具有不稳定性，但从整个时间趋势上来说，本校在读硕士教师对学生学业成绩的促进作用逐渐弱化。

4.2.3　不同类型任课教师的内部差异

上文分析了不同类型教师之间对学生学业成绩影响的差异，除此之外，通过对不同类型教师对学生学业成绩影响标准差的观察，会发现，在不同的教师类型内部也存在比较明显的差异，当针对不同类型教师对学生各科目考试成绩增值的标准差大小进行排序时，会得到如表 4 - 4 中所示的估计结果。

通过对表 4 - 4 的对照比较，分别考查各单元格所在列和所在行中数值的大小，可以得出如下结论：

表4-4　不同类型教师对学生各科目考试成绩增值的标准差

	全职在编副教授	本校在读硕士教师	外聘教师	全职在编讲师
对大学英语精读(一)成绩的影响	0.2197	0.2159	0.2017	0.1649
对大学英语精读(二)成绩的影响	0.0832	0.0806	0.0582	0.0780
对大学英语精读(三)成绩的影响	0.0615	0.0596	0.0521	0.0471
对CET-4阅读成绩的影响	0.0245	0.0206	0.0174	0.0156

（1）按列比较表4-4中各数值大小，可以看出，不同类型教师对学生学业成绩影响的内部差异按从大到小依次为全职在编副教授、本校在读硕士教师、外聘教师和全职在编讲师。如表4-4所示，除外聘教师对大学英语精读（二）成绩影响的标准差0.0582小于全职在编讲师对大学英语精读（二）成绩影响的标准差0.0780之外，在所有类别教师对各类考试成绩影响的标准差中都有左边单元格的对应值大于右边单元格的规律，例如，在对大学英语精读（一）成绩的影响那一行，有0.2197＞0.2159＞0.2017＞0.1649，同样，在对大学英语精读（三）成绩的影响一行中有0.0615＞0.0596＞0.0521＞0.0471，在对CET-4阅读成绩的影响那一行，有0.0245＞0.0206＞0.0174＞0.0156。所以，明显可以得出，对学生学业成绩影响的内部差异大小依次为全职在编副教授、本校在读硕士教师、外聘教师和全职在编讲师。

（2）按行比较各数值大小，可以看出，不同类型教师对学生学业成绩影响的内部差异随时间逐渐减小。从表4-4中各科目考试成绩所处的时间上来看，存在着这样的规律：对全职在编副教授来说，有0.2197＞0.0832＞0.0615＞0.0245；同样，对本校在读硕士教师而言，有 0.2159 > 0.0806 > 0.0596 > 0.0206；对外聘教师而言，有 0.2017 > 0.0582 > 0.0521 > 0.0174；最后，对全职在编讲师来说，有 0.1649 > 0.0780 > 0.0471 > 0.0156。也就是说，从短期、中期再到长期，不同类型教师对学生学业成绩增值的标准差不断缩小，这就意味着，随着时间的推移，不同类型教师对学生学业成绩影响的内部差异逐渐减小。

4.2.4　不同类型教师对学生学业成绩影响的综合分析

前两节分别从类型间和类型内差异两个角度分析了教师类型对学生学业成绩的影响。图 4 - 5 绘制了教育增值评估的箱线图，教师类别对学生学业效果影响的差异在箱线图中有了更全面和直观的呈现。

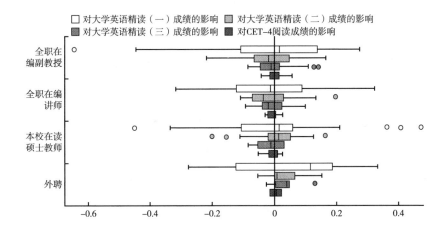

图 4 - 5　不同类型教师对学生学业成绩各时期影响的箱线图

观察箱线图可以发现，本校在读硕士教师内部差异最大，既有右边缘外的极端值，也有左边缘外的极端值；外聘教师和全职在编讲师内部差异较小，分别只有一个极端值；全职在编副教授的增值评估则存在短期和长期之间的方向性差异，短期差而长期好。极端值并不是异常值，蕴含着丰富的信息。从图4-5的极端值来看，有三个本校在读硕士教师对大学英语精读（一）成绩的影响处于右边缘之外，远大于教师增值的平均水平，也有一个本校在读硕士教师的教育增值评估结果处于左边缘之外，在全部大学英语精读（一）教师短期影响的评估中排名倒数第二，这表明本校在读硕士教师之间的短期影响存在巨大差异；而从本校在读硕士教师对大学英语精读（二）成绩的影响看，左边缘之外的极端值有2个，右边缘之外的极端值有1个，内部差异有所缩小，而且开始更多地出现左边缘的极端值。本校在读硕士教师影响极端值的变化趋势表现出与其平均影响相同的变化趋势——短期增值作用大，但是长期增值作用小。从全职在编副教授对大学英语精读（一）成绩的影响来看，有一个评估结果处于左边缘之外，在全部教师中对大学英语精读（一）增值评估倒数第一。虽然全职在编副教授对大学英语精读（一）成绩影响的第一、四分位数是四类教师中最大的，第三、四分位数在四类教师中仅次于外聘教师，但是最小的右边缘和在全部教师增值评估最小的极端值表明，全职在编副教授作为一个群体，虽然增值评估表现不错，但是有少数全职在编副教授表现糟糕，对大学英语精读（一）成绩的增值评估处于最差的行列。不过，这一结果并不持久，全职在编副教授的长期表现不错。短期看，外聘教师增值评估的中位数最大，其次是全职在编副教授，再次是本校在读硕士教师，最末是全职在编讲师。从中期看，本校在读硕士教师增值评估中位数最大，外聘教师和全职在编副教授次之，最末是全职在编讲师。从长期看，外聘教师最好，其次是全职在编副教授，全职在编讲师和本校在读硕士教师相差不大，并列末位。由于教师影响的分布存在明显的左偏或者右偏，因此，中位数和均值略有区别。不过基本结论却是一致的：第一，无论是从短期、中期还是长期看，外聘教师整体表现优于其他三类教师；第二，本校在读硕士教师短期影响好而长期影响差；第三，全职在编副教授中由于极个别教师增值评估特别差，拉低了平均水平，若是不考虑极个别教师的负面影响，综合来看，全职在编副教授的表现仅次于外聘教师。

4.3　本章小结

本章从教师个体和教师类别两个方面分析了教师对学生学业成绩的影响，在这两个不同的层面取得了不同的研究结论。基于教师个体层面的研究表明，教师个体对学生学业成绩的影响在各时期都显著，并具有方向上的一致性，研究还发现，这种影响效应的挥发性显著存在，而且这种挥发性随时间推移会更加明显。另外，在不同的学科门类中，教师个体对学生学业的影响方式会有不同。基于教师类型层面的研究表明，外聘教师对学生学业成绩最有促进作用，全职在编副教授和本校在读硕士教师在短期和长期的促进方面各有优势，全职在编讲师在对学生学业成绩的影响中处于明显劣势。从不同类型教师的类型内差异来看，不同类型教师对学生学业成绩影响的内部差异随时间逐渐减小，但不同类型教师的内部差异大小并不相同。

第5章 不同类型教师与学生评教成绩的关系

第4章从学生学业成绩的角度分析了不同类型教师对学生学业成绩的影响，与绝大部分研究学生学业进步的实证分析一样，把学生学业成绩的提高作为研究的指标，从学生客观成绩的角度衡量了教师类型与学生学业效果的关系。然而，近年来教育心理学的研究成果显示，学生的学业效果除了通过学业成绩进行衡量之外，学生的学习过程体验也是一个不容忽视的重要方面。从该维度度量学生学业效果的常用做法，就是通过学生对某课程任课教师的教学评价来反映学生的学习过程体验，这样做基于的假设就是当学生对某教师评价越高时，一般来说，该学生的学习过程体验就越好，也就是说，学生评教结果较好的教师通常来说能给学生带来较好的学习过程体验，虽然这种做法目前还没有得到广泛的论证和全面的认可，但是借助这一指标衡量学生的主观学习感受也还是有据可循、有理可依的。有鉴于此，为了避免"窄化"学生学业效果，本章基于学生评教成绩分析不同类型教师对学生学业效果的影响。

课堂教学作为大学教育和人才培养的主要方式和手段，有着不可忽视的重要作用，以学生对教师的课堂教学质量进行评教作为教学监控的主要手段，对于分析与反思教学行为，提高教学质量，改进教学管理，促进教师队伍的合理发展，形成课程架构的不断更新与完善，有着十分重要的作用。

学生对教师的课堂教学质量评价作为舶来品，中国的教育评价采用了"拿来主义"。20 世纪 30 年代，美国的"八年研究"是教育评价的催生剂。被誉为当代教育评价之父的管理学家、教育学家泰勒在"八年研究"报告书中，首次提出"教育评价"的概念，后来又提出评价活动的原理和课程编制原理，从人的全面发展和多元的教育目标出发，进行课程、教学、评价三位一体的教育教学改革。

20 世纪 40 年代前后，欧美国家的一些统计学家开展了统计数学模型研究，提出了测验信度、效度与区分度等指标统计分析方法，进一步丰富了教育测量的内容。20 世纪 40 ~ 60 年代，教育评价理论主要以泰勒的"目标中心模式"和布卢姆的"目标分类模式"为核心，教育评价关注教育目标及其描述，在评价课程与学生行为变化时，重点衡量教育结果与教育目标之间的一致性。

20 世纪 60 年代以来，教育评价理论实践出现了重大变化。各种教育理论流派纷呈，多种评价模式纷纷涌现，如 CIPP（Context - Input - Process - Product）评价模式、目标游离评价模式（Goal - Free - Evaluation）等。这些评价模式已经和教学评估、教育督导和教育调查等相联系，包括对课程、教学、教师和学生进行评估，同时也涉及对学校办学的各个层面，涉及所有影响学生发展的各种因素，从而为改进教学决策提供更可靠的依据。

20 世纪 80 年代以后，世界高等教育进入以提高质量为中心发展目标的时代，我国的高等院校纷纷学习国外学生评教的先进做法，吸收国外教学评价的先进经验并结合我国的教育实践而开展学生评教，对本校的教学质量进行自我监控。经过二十多年的发展，几乎没有高校不开展学生评教活动的，很多重点大学更是把学生评教摆在教学质量监控的显著位置。

教学质量评价源于教育评价理论，教育测量与评价、教育基本理论以及教育发展理论是现代教育科学研究的三大领域。教育评价理论起源于 20 世纪初美国教育测量和心理测量运动，美国心理学家桑代克（E. L. Thorndike）于 1904 年发表《精神与社会测量学导论》，标志着以科学理论（包括统计学、教育学、心理学和哲学等）为指导的现代教育测量学的诞生。"凡存在的东西必有数量，凡有数量的东西必可测量"（Anything that exists in amount can be measured），成为一切测量与量化评价的基本公理。

5.1　学生评教在 A 大学的实施现状

A 大学在多年的教育实践和教学管理中始终认为教学质量是高校永恒的主题，把加强教学质量的管理和控制作为提高教学质量的重要前提，自 1988 年开始就在学校的本科教学中开展学生评教、专家评教等多角度的教学质量评估，并开始较为系统地研究如何有效地保证和提高学校的本科教学质量。从那一年起，该校首次将计算机信息处理方式引入学生评教工作中，这在当时的全国财经类院校中处于领先地位。当时的教学评估主要是进行课程评估，每个学期由专家和学生对部分课程进行评估，在促进课程建设、改善教学效果方面取得了很好的效果。但由于评估指标比较复杂，操作起来难度较大，学校就致力于不断开发和完善本科课堂教学质量评估系统。

1994 年 4 月，该校教务处开发的"计算机辅助教学评估系统"正式上线，该系统用 Foxpro 编程，具有评估数据处理、储存和打印等功能。评估数据由三部分组成：学生评教表、专家评教表和领导评教表。评估结果以数据库形式储存，或以正式表格打印出来，供校领导掌握全校教学状况，为各院系的教学工作状况提供数据，为教师的职称评定和奖金津贴提供依据。

1998 年 6 月，在上述系统的基础上，学校教务处又开发了"教学质量监控系统"。该系统用 Visual Basic 编程，主要功能为数据录入、编辑原始数据、数据统计、代码库维护、报表打印等。该系统的教学评估分为本科学生评教、教师自评、专家评教、领导评教和院系互评，已初步形成了一个比较完整的教学质量评估体系。

2000 年 5 月，A 大学教务处又在"教学质量监控系统"的基础上开发了"教学质量综合评估系统"。该系统用 Power Builder 编程。该系统的设计思想是：

（1）建立一套完整的教师教学质量评价标准；

（2）能够动态设置评价标准和评分权重；

（3）能够反映教师多年的教学评估情况；

（4）能够方便准确地录入和修改评估信息；

（5）评价结果应该是透明的。

随着在实际应用中对评估指标体系的不断修改和完善，到 2001 年，"教学质量综合评估系统"已经发展为一个完整、准确、灵活、高信度和高效度的教师评价体系，成为学校教学质量保证和监控的主要手段。该体系采用量化的方式对全校教师的教学工作进行评价，该评估系统包含学生评教、教师自评、专家评教、领导评教和院系互评等多维度的指标体系，对促进 A 大学教育事业的发展、提高教学质量起到了积极的促进作用。

2003 年，A 大学又引进了清华大学开发的综合教务系统，并利用该系统开展学生评教，利用网络收集评教信息，采用 Crystal Report 处理报表，完成对教师课堂教学质量的评价工作。

2005 年，随着 A 大学教学改革深化和发展的需要，该校的本科课堂教学评估又需要进一步改革，这主要体现在以下几个方面：

（1）取消了原来实行的院系课程评价（院系评价，占 30%）的模式，评估结构调整为学生课堂教学评价占总成绩的 95%，教师的教学成绩占学生总评估成绩的 5%。

（2）进一步开发课堂成绩评估系统，对每位教师的成绩进行数据分析和评估。

（3）进一步完善数据分析，以便每学期向学校领导和各学院主管教学的领导汇报总体课堂教学效果的分析结果。

（4）Access 数据库进一步开发教学评估系统，实现教师和院系领导、校领导的网上查询和网上报表功能，方便广大教师和领导对评估信息的查询。

2005 年 6 月 14 日，A 大学校长办公会通过了《关于鼓励教学创新，提高本科教学质量的若干实施意见》（教字［2005］96 号），该文件对教学研究成果、本科课堂教学质量评估、教授或副教授为本科生上课等做了明文规定。在第二款第 6 条中规定："学校每学期在全校范围内公布按院系统计本科课堂教学质量评估结果的前 10%，在院系内公布后 10%。"这一制度自公布之日就得以贯彻执行，在 2005 年本科教学工作会议上，学校首次对 2005～2006 学年第二学期按院系统计本科课堂教学质量评估结果的前10% 教师进行了表彰，在广大教师中引起积极反响。但对于在院系内公布后 10% 的问题上，学期各院系执行效果有待提高。通过加强学校规章制度的执行，激发了广大教师的教学热情，引起了全校师生对教学质量的广泛关注，促进了教师教学质量的提高，从而从整体上提升了学校的教学水平和人才培养质量。

经过十多年的实践和努力，该校以学生评教为主导的课堂教学质量评估指标体系在监控和提高教学质量方面发挥了积极的作用，并取得了显著的成效。

5.2　不同类型教师所获学生评教成绩的分析

5.2.1　数据处理和指标说明

通过汇总和整理本书研究样本中大学英语精读（一）课程的任课教师在该课程所获得的学生评教成绩，我们可以得到如表 5-1 所示的学生评教统计表。在此需要说明的是，为了使原始的评教数据得到更加有效的呈现，作者将评教数据进行了标准化的处理，具体做法为：$x = (x - \min)/(\max - \min) \times 100$。通过标准化处理，不同类别教师之间的差异在不失真的前提下得到了有效放大，这就为后续的分析、比较和总结提供了更加便利的条件。

表 5 – 1　不同类型教师所获学生评教成绩统计

单位：分

	全职在编教师		本校在读硕士教师		外聘教师	
	均值	标准差	均值	标准差	均值	标准差
学生评教评估总分	55.42	18.58	55.75	19.25	58.86	20.49
1. 专业素质高,教学认真教风严谨	57.06	15.21	57.89	21.14	58.41	21.11
2. 关爱学生、耐心答疑解惑	59.21	15.47	59.87	20.1	59.68	19.39
3. 课堂秩序好,善于营造课堂气氛	50.98	16.47	50.62	16.94	54.36	18.36
4. 认真布置批改作业	56.13	21.37	54.97	20.65	60.49	20.65
5. 按时上下课,无调停课情况	54.55	19.13	52.74	18.7	55.57	19.68
6. 课堂设计科学、内容充实,注意知识更新,表述清楚	55.4	20.25	55.22	21.2	59.25	20.42
7. 重视材料时效性,语音语调标准,语法正确,写作规范	56.37	19.1	60.16	20.57	61.75	21.7
8. 采用互动式教学,效果很好	62.62	15.96	61.49	16.66	62.2	22.55
9. 有效运用各种手段辅助教学	58.85	20.18	63.04	19.66	64.66	18.5
10. 听说读写等基本技能有所提高	56.02	21.42	54.32	23.46	61.35	22.4
样本量	87 人次		36 人次		16 人次	

关于 10 项学生评教指标，需要说明的是，这 10 项指标体现了教学过程对教师的不同要求，其中指标 1、指标 2 反映了教风师德，指标 3、指标 4、指标 5 体现了教学要求，指标 6、指标 7 侧重于教学内容，指标 8、指标 9 关注教学方法，指标 10 突出教学效果。这几个方面虽然各有侧重，但在教学过程中互相渗透，共同发挥作用。

5.2.2　不同类型教师所获学生评教成绩的差异分析

从表 5 – 1 可以看出，当教师类型分为全职在编教师、本校在读硕士教师和外聘教师时，不同类型教师之间在学生评教的总分上存在一定的差异，通过对 10 个评教指标的具体分析和对比，可以得到如下结论：

1. 外聘教师的评教总分最高，并在绝大多数指标中均获得最高评价

如表 5 - 1 所示，外聘教师的得分均值为 58.86 分，大于本校在读硕士教师的得分均值 55.75 分，而全职在编教师的评教得分均值最低，只有 55.42 分。通过观察这三类教师在每个指标中的得分均值，可以发现，外聘教师在 8 个指标中的得分都位居第一，在学生评教中占据明显的优势。外聘教师没有获得最高评价的两个指标分别是指标 2 "关爱学生、耐心答疑解惑" 和指标 8 "采用互动式教学，效果很好"。在指标 2 中，外聘教师获评分数为 59.68 分，略低于本校在读硕士教师的获评均值 59.87 分，高于全职在编教师的得分 59.21 分。外聘教师在这个指标上没有显示突出优势的原因，一方面是由于外聘教师和本校在读硕士教师相比年龄普遍偏大，和学生的距离感较强，在 "关爱学生" 方面不具备天然的优势；另一方面就是外聘教师都住在校外，而且一般都同时承担好几所学校的授课任务，难免会有 "来去匆匆" 的情况，这就影响了课堂教学之后的 "答疑解惑"。对于外聘教师在 "采用互动式教学，效果很好" 这个指标上的得分低于全职在编教师的原因，主要是因为和学生缺乏课下交流，对学生的熟悉度不够，这在一定程度上制约了开展课堂互动教学。

鉴于外聘教师在学生评教成绩的总分和绝大多数指标中都处于明显领先的地位，下文将以外聘教师为比照对象，对全职在编教师和本校在读硕士教师评教成绩进行详细的对照分析。

外聘教师虽然在评教成绩得分中有明显的优势，但是研究结果表明，外聘教师评教成绩的标准差明显大于全职在编教师和本校在读硕士教师。如表 5 - 1 所示，外聘教师评教成绩标准差为20.49 分，本校在读硕士教师和全职在编教师评教成绩的标准差分别为 19.25 分和 18.58 分，这说明外聘教师内部差异最大，不同的外聘教师给学生带来的主观体验并不相同，因此，完善和落实外聘教师聘用和考核制度对规范外聘教师管理、促进教学质量整体提升，有着十分重要的意义。

2. 全职在编教师与外聘教师的差距主要体现在指标 4、指标7、指标 9 和指标 10 四个指标上

按照全职在编教师和外聘教师在各个指标上得分均值的差进行排序，可以发现，全职在编教师在"有效运用各种手段辅助教学"指标上的得分仅为 58.85 分，大大低于外聘教师的得分64.66 分，与本校在读硕士教师的得分 63.04 分相比也有很大差距；得分差距排在第二位的是指标 7"重视材料时效性，语音语调标准，语法正确，写作规范"，全职在编教师在这个指标上的得分均值是 56.37 分，而外聘教师和本校在读硕士教师的得分分别为 61.75 分和 60.16 分；得分差距位列第三的指标是"听说读写等基本技能有所提高"，全职在编教师该指标的得分是 56.02 分，低于外聘教师的得分 61.35 分，但比本校在读硕士教师的得分54.32 分要高；另外一个差距较大的指标是"认真布置批改作业"，全职在编教师的得分是 56.13 分，低于外聘教师 60.49 分的得分，但高于研究生 54.97 分的得分。这四个指标分布在教学要求、教学内容、教学方法和教学效果四个方面，也就是说，除了教风师德方面不存在明显差异之外，其他方面都存在差异。

从教学管理和教学监控过程的实践来看，全职在编教师在评教中即使存在差距，也不应该处于如此劣势的地位。造成如此大差异的原因究竟是什么？为了更好地揭示出此问题的原因，本书将在下一节对全职在编教师按照职称进行细分，以便通过分析全职在编教师这个类别的内部差异，更好地考察造成教师类别之间评教结果差距如此显著的原因。

3. 本校在读硕士教师与外聘教师的差距主要体现在指标 3、指标 4、指标 6 和指标 10 四个指标上

按照本校在读硕士教师和外聘教师在各个指标上得分均值的差进行排序，可以发现，本校在读硕士教师在指标 10 "听说读写等基本技能有所提高" 上处于明显的劣势，其得分 54.32 分比外聘教师 61.35 分的得分低了 7 分以上，作为 10 个评教指标中唯一一个度量教学效果的指标，该指标具有一定的综合性，也就是说，学生认为本校在读硕士教师的教学效果明显不如外聘教师，造成这种结果的原因是多方面的，既有教学经验的不足，也有对课程特点把握的欠缺，还有就是其他三个指标反映的一些原因。

造成本校在读硕士教师所获评教总分低的第二个显著指标是 "认真布置批改作业"。这是一个涉及具体教学要求和教学规范的指标，本校在读硕士教师在这个指标上的得分是 54.97 分，比外聘教师 60.49 分的得分低了 5.52 分，这说明本校在读硕士教师在基本的教学要求和教学规范中还存在很大的欠缺，作业作为课堂教学的一种有效延续，是整个教学过程中十分重要的一个环节，对学生理解吸收课堂知识十分有益。本校在读硕士教师由于缺乏岗前培训和基本的教育学理论知识，对此问题的认识还不到位，因此，在这个指标中的得分明显较低。

另一个在本校在读硕士教师和外聘教师之间存在较大差异的指标是"课堂设计科学、内容充实，注意知识更新，表述清楚"。这个指标既体现了教学内容的要求，同时还反映了授课教师的教学能力。本校在读硕士教师和外聘教师在这个指标上的得分分别是 55.22 分和 59.25 分，分差为 4.03 分。很明显，这是一个很能体现教学经验和教学能力的指标，本校在读硕士教师在该指标上的落后，表明其授课经验不足又缺乏必要的指导，对课堂设计和知识结构的整体把握不够，这和我们从教学监控实际得出的经验判断一致。

最后一个导致本校在读硕士教师评教结果较落后的指标是"课堂秩序好，善于营造课堂气氛"。这个指标同时涵盖了授课教师的教学要求，同时又体现了教师的课堂把控能力。本校在读硕士教师在该指标上的得分是 50.62 分，比外聘教师 54.36 分的得分低了 3.74 分。本校在读硕士教师普遍年龄较小，和本科生差距不大，基本属于同龄人，容易产生感情归属感，这就会导致本校在读硕士教师在课堂教学的过程中既不想违背感情归属采取强势干预影响课堂秩序的行为，也不能按照自己的意图引导和营造课堂氛围。这种完全的平等意识虽然拉近了和学生之间的距离，但客观上的确造成了学生对其缺乏必要的敬畏感，从这个角度来说不利于维持良好的课堂秩序，营造严肃活泼的课堂气氛。

5.2.3　按教师职称细分之后的差异分析

按照上文所述，由于在观测不同类别教师的学生评教得分过程中，按照全职在编教师这个整体类别获取的观测值与我们在实际的教学管理和教学监控中得到的经验判断有较大的分歧。因此，为了揭示数据背后真正的原因，本节将全职在编教师按照职称进行类别内部划分，然后进行对照分析。之所以选择职称特征进行划分，主要是因为这个特征变量具有一定的综合性，既能体现全职在编教师类别内部的年龄身份特征差异，又能反映教龄、学历等人力资本特征变量，同时还包含了教师教学水平、教学热情、教学关怀等教学投入特征变量。鉴于此，按照职称标准在全职在编教师类别内部进行再分组具有一定的综合性。

在本书研究样本中，全职在编教师按照职称可以划分为副教授和讲师两组，并没有教授出现在研究样本中，这虽然有研究设计中提到的样本筛选问题，但更重要的原因是，在 A 大学，语言学相关专业的教授数量本身就比较少，讲授入门公共课的教授也并不多，大部分教授都承担专业课和高年级公共课的教学任务。同时，由于只有副教授和讲师两组，这就保证了组间的样本数量没有明显的差异，避免出现样本数量量级不同而造成的估计偏差。

当我们将全职在编教师按照副教授和讲师进行划分后，可以得到表 5 - 2 所示的评教结果。该结果显示，副教授和讲师不论是在评教总分还是在各个指标上都存在极大的差异。副教授和讲师的评教总分在表 5 - 2 所示的四类教师中分别位于第一位和最

表5-2 按职称细分后各类型教师所获学生评教成绩统计

单位：分

	全职在编副教授					全职在编讲师				
总分	样本值	均值	标准差	最小值	最大值	样本值	均值	标准差	最小值	最大值
总分	55	59.42	17.55	24.62	100.00	32	48.54	18.54	1.10	89.04
指标1	55	60.21	14.33	17.75	100.00	32	51.65	15.37	11.36	75.42
指标2	55	62.04	15.81	0.00	91.39	32	54.36	13.80	17.99	81.99
指标3	55	53.82	14.55	20.86	84.48	32	46.11	18.57	0.00	100.00
指标4	55	59.12	22.51	11.47	100.00	32	50.98	18.46	21.54	96.83
指标5	55	58.36	17.12	24.53	100.00	32	48.00	20.84	9.54	97.05
指标6	55	58.75	19.77	0.00	100.00	32	49.64	20.05	4.84	95.05
指标7	55	60.53	18.13	13.23	93.25	32	49.21	18.87	0.00	77.95
指标8	55	65.65	15.64	33.34	100.00	32	57.40	15.36	22.17	98.96
指标9	55	63.50	19.09	28.41	100.00	32	50.85	19.77	0.00	77.31
指标10	55	59.94	20.79	0.00	100.00	32	49.28	21.11	0.49	87.29

	本校在读硕士教师					外聘教师				
总分	样本值	均值	标准差	最小值	最大值	样本值	均值	标准差	最小值	最大值
总分	36	55.75	19.25	0.00	88.40	16	58.86	20.49	2.64	89.67
指标1	36	57.89	21.14	13.45	97.21	16	58.41	21.11	0.00	88.67
指标2	36	59.87	20.10	7.28	100.00	16	59.68	19.39	11.94	94.51
指标3	36	50.62	16.94	3.33	83.75	16	54.36	18.36	5.56	78.22
指标4	36	54.97	20.65	0.00	87.66	16	60.49	20.65	16.17	96.03
指标5	36	52.74	18.70	0.00	83.90	16	55.57	19.68	13.10	85.44
指标6	36	55.22	21.20	6.79	86.66	16	59.25	20.42	10.36	90.30
指标7	36	60.16	20.57	5.48	100.00	16	61.75	21.70	0.84	94.19
指标8	36	61.49	16.66	19.21	89.29	16	62.20	22.55	0.00	89.21
指标9	36	63.04	19.66	1.79	94.59	16	64.66	18.50	24.46	89.99
指标10	36	54.32	23.46	3.75	95.37	16	61.35	22.40	4.16	85.21

后一位，这就解释了上文所提到的全职在编教师评教成绩大幅度低于外聘教师并和基于教学实际的经验判断不相符的原因：副教授和讲师所获学生评教成绩的差异极大。

从表 5-2 可以看出，全职在编讲师评教成绩总分的均值仅有48.54 分，比全职在编副教授和外聘教师总分的均值得分低 10 分以上。而且，在 10 个评教指标中，全职在编讲师得分均值低于 50分的指标共有 5 个，占全部评教指标的 50%。从全职在编讲师与副教授、外聘教师、本校在读硕士教师的对比来看，这三个群体的所有评教指标的得分均值都没有低于 50 分的情况，另外，这三个群体所有评教指标的得分均值都有 4~5 项在 60 分以上；但是全职在编讲师没有一个指标的得分均值在 60 分以上。也就是说，全职在编讲师在评教指标体系中整体得分偏低，没有强项，弱项众多。全职在编讲师得分均值低于 50 分的 5 个指标分别是：指标3 "课堂秩序好，善于营造课堂气氛"、指标 5 "按时上下课，无调停课情况"、指标 6 "课堂设计科学、内容充实，注意知识更新，表述清楚"、指标 7 "重视材料时效性，语音语调标准，语法正确，写作规范" 和指标 10 "听说读写等相应基本技能有所提高"。这 5 项指标中的最后一项以教学效果为关注点，具有一定的综合性，其他 4 项指标都是关于教师教学要求和教学内容的体现，集中反映了教学规范的问题。在这些指标上得分的落后，一方面是由于讲师教学经验不够丰富，在组织教学的过程中欠缺教学技巧造成的，另一方面更重要的原因是，讲师对教学管理制度的执行不严格，对教学纪律的认识不够，才会导致在 "按时上下课，无调停课情况" 这样的指标上得分很低。因此，本书认为全职在编讲师评教得分低的根本原因还是教学投入不足。影响全职在编讲师及其他青年教师教学投入不足的原因将在下文展开论述。

全职在编副教授和其他三个群体相比，具有教学经验丰富、教龄相对较长、来校工作时间长、对本校学生特点更加了解等明显优势，因此，全职在编副教授得到的评教成绩最高也就顺理成章了。但是，全职在编讲师作为经过学校严格的招聘环节被录用，并且在学历和教师资格培训等方面都有一定优势的正式在编群体，其获得的学生评教成绩如此之低着实有些令人吃惊。因此，第6章将重点分析造成以讲师为代表的青年教师教学水平普遍偏低的问题。

5.3　结合学生学业成绩对学生评教结果的再分析

前两节讨论了不同教师类型之间学生评教成绩的差异，同时还把全职在编教师按照职称划分后的评教结果进行了分析，结合第4章基于学生学业成绩的分析，本节将以学生学业成绩为基础对学生评教结果进行再分析。

5.3.1　学生学业成绩和学生评教成绩的关系

全面衡量学生的学业发展通常需要从客观和主观两个维度进行分析。从客观上来说，学生通过学习过程，知识得到了增长，能力得到了提升，这个方面通常用学生的学业成绩作为衡量指标，学生学业产出增值可以反映教师的教学效果；从主观上来说，学生在学习过程中学习体验的好坏通常借助学生对教师教学过程的评价进行衡量，一般来讲，教师所得到的评价较高，就说明给学生带来了更好的学生体验。因此，学生学业成绩和学生评教就从两个方面构建了一个相对完整的学生学业效果衡量体系。同时，由于教师要素对学生学业效果的影响十分显著，那么，这两个方面也就成为评价教师教学水平的重要维度，也是考察教师对学生学业效果影响的有效指标。

由于学生评教结果由学生匿名评定，而且通常都是通过网络系统进行的，所以有效避免了各种外部干预。因此，在目前我国的高等教育中，普遍采用学生评教的成绩来作为衡量教师课堂教学质量的指标，而且在实际的教学管理和教学监控中，很多高校都把这个指标作为教师考核、奖惩和职称评定的重要参考依据。但是仅仅依靠学生评教结果是否能真实、全面地衡量教师的教学水平是个尚待研究的问题。下文就通过对照学生学业成绩的结果对学生评教数据进行再分析。

5.3.2　学生学业成绩和学生评教成绩的综合分析

本节将第 4 章得到的不同类型教师对学生学业成绩评价和学生评教结果对照比较，如表 5 - 3 所示。

通过对比分析，可以发现：

1. 学生学业成绩评价和学生评教评价从整体趋势上来看具有一致性

在第 4 章不同类型教师对学生学业成绩的影响研究中，在四类教师中外聘教师和全职在编讲师在学生学业成绩评价中处于最优和最劣的地位，而且这种结论在短期、中期和长期都是如此。对照这两类教师的学生评教结果就会发现，在学生评教成绩

表 5－3　不同类型教师教育增值评价和学生评教结果对照

		全职在编副教授		全职在编讲师		本校在读硕士教师		外聘教师	
		均值	标准差	均值	标准差	均值	标准差	均值	标准差
学业成绩	对大学英语精读（一）成绩的影响	-0.015	0.220	-0.002	0.165	0.005	0.216	0.045	0.202
	对大学英语精读（二）成绩的影响	-0.008	0.083	-0.013	0.078	0.011	0.081	0.030	0.058
	对大学英语精读（三）成绩的影响	-0.001	0.061	-0.008	0.047	-0.003	0.060	0.040	0.052
	对 CET－4 阅读成绩的影响	0.003	0.025	-0.004	0.016	-0.002	0.021	0.006	0.017
	学生评教评估总分	59.421	17.550	48.536	18.542	55.753	19.254	58.860	20.486
评教成绩	1. 专业素质高，教学认真，教风严谨	60.208	14.332	51.653	15.365	57.887	21.145	58.409	21.114
	2. 关爱学生，耐心答疑解惑	62.036	15.808	54.360	13.800	59.870	20.098	59.685	19.389
	3. 课堂秩序好，善于营造课堂气氛	53.817	14.551	46.113	18.572	50.617	16.943	54.356	18.363
	4. 认真布置批改作业	59.123	22.512	50.981	18.465	54.974	20.649	60.488	20.651
	5. 按时上下课，无调停课情况	58.364	17.120	48.000	20.844	52.741	18.703	55.569	19.676
	6. 课堂设计科学，内容充实，注意知识更新，表述清楚	58.749	19.775	49.644	20.054	55.217	21.202	59.252	20.421
	7. 重视材料时效性，语音语调标准，语法正确，写作规范	60.529	18.130	49.212	18.871	60.156	20.569	61.748	21.703
	8. 采用互动式教学方法，教学效果很好	65.653	15.645	57.397	15.357	61.485	16.661	62.202	22.546
	9. 有效运用各种手段辅助教学	63.501	19.085	50.852	19.769	63.044	19.655	64.660	18.503
	10. 听说读写等相应基本技能有所提高	59.944	20.788	49.279	21.107	54.322	23.461	61.346	22.398

中，依然是外聘教师得分较高，讲师得分最低。从这个角度来说，这两种评价方式从整体趋势上来看是一致的。

从表 5 - 3 中还可以观察到，全职在编副教授的学生学业成绩评价长期要好于短期，而本校在读硕士教师的结果是短期好于长期，并不像外聘教师和全职在编讲师那样在各个时期都具有稳定和一致的表现。所以，对应评教成绩来看，全职在编副教授和本校在读硕士教师的评教成绩处于这四类教师的中间两位。因此，当教师的短期、中期和长期增值越是稳定一致的时候，学生学业成绩评价和学生评教评价越是统一；当教师的学生学业成绩评价在各个时期不一致时，学生评教成绩的总分就不能完全对此进行呈现和揭示。

2. 学生评教中的不同指标映射着不同时期的学生学业成绩评价

由上述可知，虽然学生学业成绩评价和学生评教评价具有整体的一致性，但是各个时期不同的学生学业成绩并不能通过学生评教总分得到验证，而必须通过学生评教体系中的不同指标进行考量。全职在编副教授和本校在读硕士教师由于在短期和长期的学生学业成绩评价差异较大，因此，通过比较这两个教师类别更有利于分析学生评教中的不同指标与学生学业成绩评价不同时期的映射性。如表 5 - 3 所示，全职在编副教授学生学业成绩评价中对三门大学英语精读课程成绩的影响均值都为负，对 CET - 4 阅读成绩的影响为正，也就是说，全职在编副教授短期和中期对学生学业成绩的促进作用低于平均水平，而长期来看高于平均水平；同理可得，本校在读硕士教师短期对学生学业成绩的促进作用高于平均水平，而长期来看却低于平均水平。那么，在剔除了两类教师在教学经验和教学水平等方面的差异之后，我们只要找出这两类教师各指标之间差异最大的几项，就可以看出这些不同指标对不同时期学生学业成绩评价的映射性。

很明显，指标 10 "听说读写等基本技能有所提高" 是两类教师评教评价中差异最大的一项，全职在编副教授在该指标上的得分比本校在读硕士教师的得分高了 5.622 分，在二者所有指标得分差距中位居第一。而该指标也正是对用来考察长期效应的 CET－4 阅读成绩的影响最大的指标，这些基本技能最直接影响的就是 CET－4 阅读成绩的高低。因此，可以看出，指标 10 是与长期增值评价具有最强映射性的指标。按照指标差异大小的比较，指标 5 "按时上下课，无调停课情况"、指标 8 "采用互动式教学方法，教学效果很好" 和指标 4 "认真布置批改作业"，都是最能体现全职在编副教授和本校在读硕士教师教学差距的指标。其中指标 5 和指标 4 基本都体现了教学管理和教学规范的要求，体现了教师教学管理的态度和力度，从这方面来看，教师在教学过程中的严格要求有利于促进学生学业成绩的长期发展，"严师出高徒" 中的高或许就是积累效应到长期的体现。指标 8 是教学经验在教学方式和教学效果上的具体体现，这同样是对学生学业成绩的长期影响较大的指标。

全职在编副教授和本校在读硕士教师差异最小的两个指标分别是指标 7 "重视材料时效性，语音语调标准，语法正确，写作规范" 和指标 9 "有效运用各种手段辅助教学"。两类教师在这两项指标中评教得分的差距仅有 0.373 分和 0.497 分。这两个指标都是侧重于具体教学辅助工具的指标，可以认为这是对学生学业成绩评价短期影响较大的指标。

因此，我们可以得到这样的结论：教学要求和课堂管理规范类的指标更有利于衡量教师对学生学业成绩的长期影响，教学材料工具类的指标更有利于衡量教师对学生学业成绩的短期影响。

3. 学生学业成绩评价和学生评教评价互为补充，互相参考，彼此不具有替代性

通过上文的分析，我们发现，基于学生学业成绩的教育增值评价和基于学生主观判断的学生评教评价，既具有整体趋势上的一致性，又具有指标和时期的映射性，所以，这两种评价方式在实际对教师教学质量的衡量中，既可以互相参考，又可以互为补充，而且各有特点和侧重，不具有替代性。因此，一个全面有效、科学完善的教师教学评价体系，就要同时体现这两种评价方式，既包含量化评价，也包含质性评价。

5.3.3　教师教学质量评价的方法论——量化评价与质性评价

要真实完整地反映教师的教学水平和教学质量，前提就是要构建一个全面有效、科学完善的教师教学评价体系，要同时体现量化评价和质性评价，上文的实证分析也说明和验证了这一点。其实，关于这个问题的讨论，在很多理论和实证研究中都有过分析，并被归纳为比较成熟的教师教学质量评价方法论，即量化评价和质性评价。

从 20 世纪 40 年代起，人们大多使用量化的方法进行教学评价。所谓量化评价，就是把复杂的教育过程和课程现象简化为可衡量的数量，进而从数量的分析与比较中评判某一评价对象。量化评价的认识论基础是科学实证主义。它认为只有通过量化的数据才能得出客观可信的结论，即以量化形式表征事物的本质。量化评价的显著优点是，在复杂的教育和课程现象中能够较好地凸显事物的本质，提供具有说服力的证据。量化评价的目标追求是对评价对象的有效控制。量化评价也存在一定程度的缺陷：如量化评价容易排除不可用量化测量的教育因素，也就是说，被量化的指标不可能全部反映被评价者的全部信息；量化评价往往以预定目标作为评价标准，在一定程度上约束了或导向着课程的持续性发展，容易造成课程评价者与课程开发者的冲突；量化评价倾向于反映教学管理者的价值观，而容易忽视教师在实际工作中的具体问题，等等。

20世纪60年代起，随着人们对量化方法认识的深化，人们提出，评价不是一个纯技术的问题，不是对教育现象的客观描述，评价归根结底是对被评价对象进行价值判断。因而，在评价方法上人们又引入了质性评价。所谓质性评价，就是力图通过自然真实的调查，以彰显其中的意义，促进理解。在认识论上，它主张评价应全面反映教育现象和课程现象的真实情况，为改进课程实践提供真实可靠的依据。

20世纪70年代后，教学评价从对预定目标、计划的达到程度逐渐转向对教学的整体理解。至20世纪90年代，教学评价兼有量化评价与质性评价两种方式，评价目的不再是总结性的，而是以衡量和促进教师教学水平为出发点，为各种考评和激励提供依据，在教学目标实现、教学监控和实施奖惩之间架起一座循环往复良性发展的桥梁。

目前，世界教育发达国家大多使用一定的量化指标体系来对教师教学质量进行各种形式的评价，同时也不同程度地采用一些质性评价方法对一些无法用量化方法描述的较复杂的教育过程和教师要素进行评价。而我国在量化评价的研究和运用上还有待提高。

5.4　本章小结

本章基于学生评教成绩研究了不同类型的教师对学生学业效果的影响，研究发现：外聘教师和全职在编副教授带给学生的学习体验最好，其评教得分同属最优梯队，并在多个评教指标中获最高评价，全职在编副教授以微弱的优势位列榜首；本校在读硕士教师由于对教学规范和教学规律把握不足，所获评教成绩在所有类型的教师中位列第三；全职在编讲师的评教总分和在全部评教指标上的得分都排名最后，从对学生学习过程体验的影响角度来看，全职在编讲师全面落后。

第6章 研究结论及政策建议

6.1 主要结论及原因分析

本书主要从学生学业成绩和学生教学评价两个角度衡量教师类型与学生学业效果之间的关系，并考察这种影响随时间和教师类型的不同而产生的差异。通过严密的实证分析，本书主要得到以下结论：

1. 从学生学业成绩的角度来看

（1）在教师个体层面的研究表明，教师个体对学生学业成绩产出的影响在各时期都显著，并具有方向上的一致性，研究还发现，这种影响效应的挥发性显著存在，而且这种挥发性随着时间的推移会更加明显。另外，在不同的学科门类中，教师个体对学生学业的影响方式会有不同。

（2）在教师类型层面的研究表明，外聘教师对学生学业成绩最有促进作用，全职在编副教授和本校在读硕士教师在长期和短期促进上各有优势，全职在编讲师在对学生学业成绩的影响中处于明显劣势。从不同类型教师的组内差异来看，不同类型教师对学生学业成绩影响的内部差异随时间逐渐减小，但不同类型教师内部差异大小并不相同。

2. 从学生评教成绩的角度来看

（1）不同类型教师之间在学生评教的总分上存在着一定的差异。

（2）全职在编副教授和外聘教师的评教总分差异很小，同属于最优梯队，并在绝大多数指标中均获得最高评价。

（3）全职在编教师和本校在读硕士教师与外聘教师的差距来源于不同的指标。

（4）全职在编副教授和全职在编讲师不论是在评教总分还是在各个指标上都存在极大的差异。

（5）全职在编讲师在所有类别的教师群体中评教成绩整体得分最低，从各指标来看也是如此。

3. 从教育增值评价和学生评教评价的综合角度来看

（1）教育增值评价和学生评教评价从整体趋势上来看具有一致性。

（2）学生评教中的不同指标映射着不同时期的教育增值评价。

（3）教育增值评价和学生评教评价互为补充，互相参考，彼此不具有替代性。

从教师类型研究的角度进行分析，以上结论及其原因综合归纳如下：

1. 全职在编讲师是对学生学业效果促进作用最差的群体，长短期均是如此

第 4 章和第 5 章的实证研究结果显示，全职在编讲师这个群体不论是在教育增值评价中还是在学生评教评价中，都处于明显的劣势。然而，造成以上问题的原因并不能简单地归结为青年教师本身，而是很多制度设计层面的欠缺导致的必然后果。

青年教师的压力主要来源于科研、教学和经济三个方面，通常把这些比喻为压在青年教师头上的"三座大山"。从科研压力来看，高校不论是在职称评定、课题申报还是在多种奖励和激励制度中，都将教师的科研成果作为最重要和核心的衡量标准，面对与收入、资历、荣誉、晋升等现实待遇息息相关的科研压力，青年教师只能把大部分精力投入科研，因为对绝大部分青年教师来说，科研之路就是他们职业发展路径中的唯一道路。从教学压力来看，很多青年教师都是走出校园就直接站上讲台，一方面是自身教学经验和教学技能的不足，另一方面是高校缺乏系统的教学培训。从教学管理的现实来看，很多青年教师在入职前已经被安排了相应的教学任务，这就使得这些青年教师对课程结构和教学特点缺乏认知和掌握的过程，更不用说满足先跟随教授助教一年的教育培训要求了。从经济压力来看，青年教师都处于婚育年龄，买房、买车、赡养父母和抚养孩子的各种经济压力都齐刷刷地呈现在青年教师面前，面对这些压力，青年教师一般都会选择通过加大科研力度申请课题经费或以去校外兼职授课的方式来缓解经济压力，这些无疑都严重挤占了青年教师的教学投入。

2. 从整体来看，全职在编副教授对学生学业发展的促进作用较好，但是少数全职在编副教授教学质量太低，影响了全职在编副教授的平均水平

这个结论包含着两方面的意义：一方面是本书的实证分析部

分发现，全职在编副教授虽然教学效果良好，但和外聘教师相比还存在着一定的差距。另一方面，少数全职在编副教授的教学水平拉低了全职在编副教授整体的教学效果评价。

作者认为，造成全职在编副教授和外聘教师教学效果存在差距的主要原因并不是这两个群体在教学经验和教学技能上的差异，而是由于高校缺乏有效的教师评价系统和奖惩机制，这种缺失在一定程度上抑制了教师教学水平的发挥。相比之下，外聘教师的考核和续聘制度就显得很有约束力。

从管理学和教育心理学的角度来说，由于受到教授职称编制数量的约束，当部分教师在获得副教授职称之后，其对教学工作的投入和付出无法得到相应的激励，这就导致部分全职在编副教授主观上不愿意继续增加投入和付出，甚至减少投入和付出。也就是说，当教师的努力没有得到相应的肯定时，就会产生所谓的"消极激励"，即教师的投入和付出被漠视，当这种漠视在较长一段时间内一直存在的情况下，就会逐渐削弱这种投入和付出，这就导致教师应有的教学水平得不到有效的体现和发挥。另外，从客观上来说，单纯的学生评教无法全面和有效地衡量教师的教学水平，这就为教师减少教学投入提供了有力的保护措施，造成部分教师教学效果下降。因此，必须建立科学、完善和有效的教师评价系统，基于此评价系统的结果给予教师不同的激励，这才能保证教师的教学水平在教学的过程中得到最充分的发挥和应用。从教育经济学的角度来说，有效的教师评价系统和激励机制有利于促进凝结在教师身上的人力资本带来最大的产出回报，这种回报就是教学质量的提高和学生学业产出的增加。所以，下文也会从这个角度对高校教师队伍建设问题进行探析。

从教学理论和教学实践综合来看，造成个别全职在编副教授教学水平不高的原因，除了缺乏考核和激励导致的教学投入不足之外，主要还是由于知识结构和教学方法不适应新形势和新需求。对大多数有体制内编制的教师来说，其更换工作的频度会大大低于从事其他行业的工作人员，也就是说，教师是一个流动性较弱的职业群体。那么，这就从客观上造成了大部分教师长期处在同一课程的教授岗位上的情况，也就出现了很多教师多年教授相同课程的情况。这种情况会导致有些教师并没有及时进行知识内容的补充和知识结构的调整，但是在现实的社会发展中，一个不容忽视的问题就是，很多专业都存在知识的不断更新和发展，教师如果不及时进行知识结构的调整，就容易造成知识内容陈旧和结构不合理的问题。另外，随着时代的发展和科技的进步，学生的特点也有着日新月异的变化，这就从客观上要求教师必须根据学生特点，掌握新的技术手段，不断优化教学方法，才能达到和学生的同步发展，才能实现教师向学生传授知识的有效性。有鉴于此，当教师的知识结构和教学方法不适应新形式和新需求时，就会导致教师的教学水平相对低下。

3. 本校在读硕士教师虽然有着不错的短期影响，但是长期影响一般

就我国目前的高等教育过程来看，课堂教学在整个教育过程中占有十分重要的地位，是教师向学生传授专业知识、帮助学生提高学习能力和分析解决问题方法的主要途径。因此，教师课堂教学水平的高低对教育目标的实现有着非常重要的影响，同时也直接关系到高等教育人才培养质量的高低。从这个角度来说，由于本校在读硕士教师缺乏对教育规律的把握，知识结构的完备性和体系性较差，长期教学效果较差，在很大程度上不能满足"传道、授业、解惑"和促进学生学业全面发展的要求，聘其作为课程教师需要谨慎筛选，或许作为课程教师的助手是一种更合适的安排。好在从我国高等教育目前的教学实践来看，除了像大学英语精读等基础和入门类的课程之外，在其他专业课程中聘用本校在读硕士教师的情况并不突出，因此，本书不再专门针对本校在读硕士教师这一群体给出政策建议。

4. 外聘教师在英语入门课程中对学生学业效果的促进作用最为明显

理解这一结果需要了解我国当前高等教育的外部环境和内部激励机制。市场化进程改变了中国的经济格局，也对中国高等教育的教学过程产生了渐进而深刻的影响。一方面，在普遍采用的创收分成制下，二级学院的积极性被充分调动，有条件的学院（如英语学院、商学院、管理学院等）各显神通，参与到培训班、短期学位班等创收活动中，这些创收活动占用了相当比例的校内教师资源，使得从校外较大规模地聘用教师成为可能。另一方面，在高校目前的评价体系中，由于缺乏具有公信力的教学质量评价，教学质量的信号难以传递给公众并通过学生和招聘单位的"用脚投票"形成高校之间基于教学质量的竞争，科研项目和论文发表成为目前高校之间竞争的主要内容，形成了大学"科研 GDP"竞赛。在这一竞赛过程中，许多大学采用主要基于论文发表的职称评定机制，部分高水平大学甚至引入"非升即走"的科研锦标赛制，青年教师不得不投入大部分精力到科研工作中。在上述因素的共同作用下，青年教师无力安心教学，已有一定职称和资历的教师无暇安心教学，反而是面临上岗竞争的外聘教师教学效果最好。

6.2   政策建议

本书虽然是基于高校学生英语学习数据开展的实证研究，但由于数据来源于实际的教学运行，而非用专门的研究调查所获取的研究数据，从这一点上来说，本书对现实状况的反映和呈现是比较真实客观的，上文所得到的研究结论和很多类似的研究成果都比较吻合，这也证明了其真实客观性。因此，本书的研究具有较强的现实意义和实践价值。本章将针对研究结论及造成这些问题的原因，从加强分类指导、实施教师问责和推进高校人事制度改革这三个方面给出切实可行的政策建议。

6.2.1   针对不同教师类别加强分类指导

上文总结归纳了不同教师类别在促进学生学业发展中的现状和原因，本节将主要讨论全职在编教师的教学提升问题，针对以讲师为代表的青年教师和教学水平较低的副教授进行分析论证，从微观层面提出政策建议。

本书所发现的青年教师教学水平相对低下、教学投入不足、学生评价不高、对学生学业发展没有起到应有的促进作用等问题，在很多研究中都有所呈现，这也成为现阶段我国高等教育师资队伍建设中最引人关注的问题。对外经济贸易大学廉思副教授对该问题的研究聚焦地反映了高校青年教师的现状，他以高校40 岁以下的青年教师群体为研究对象，在其发布的《工蜂——中国高校青年教师调查报告》中将这个群体形象地比喻为"工蜂"族：承担了整个蜂群的所有劳动，但是在蜂巢中的地位并不高。高校青年教师在高校这个行政等级分明的类似"蜂巢"的地方，大量的努力和付出得不到在收入、职称和行政职务等诸多方面的回报，从这个意义上来说，青年教师和"工蜂"的确如出一辙。事实上，由于以讲师为代表的青年教师是我国高等教育师资力量中相当重要的一部分，青年教师的教学水平对我国高等教育的质量和人才培养目标的实现有着至关重要的影响。高校青年教师的现状、存在的问题及其原因已经引起了国家领导和教育主管部门的高度重视。教育部在研讨我国师资队伍建设的多次会议中反复强调高校青年教师发展问题，并于 2012 年出台了《国务院关于加强教师队伍建设的意见》的六个配套文件，其中涉及高校师资建设的唯一一个子文件就是《关于加强高等学校青年教师队伍建设的意见》，该意见主要强调了以下几个问题：充分认识加强青年教师队伍建设的重要性、紧迫感；切实提高青年教师的思想政治素质；严把高校新聘青年教师入口关；全面提升青年教师专业发展能力；完善资深教师传帮带团队协作机制；优化青年教师成长发展的制度环境；努力造就学术英才和新一代学科带头人；改善青年教师待遇和工作条件。作者认为，这八点虽然涵盖了青年教师发展过程中的各个阶段和多个层面，但缺乏在落实环节的指导性和操作性。因此，国家教育主管部门应该尽快引导和督促地方教育管理部门和高校出台相关的实施细则，尽快把该意见的精神和要求落到实处，缩短青年教师的教学适应期，形成教育教学能力，提升青年教师的教学水平和教学效果。

对于因知识结构和教学方法不适应新形势和新需求而导致教学水平较低的副教授来说，就应该通过加强教师在职培训的方法促进其教学水平的提升。教育部已经明确提出，要落实五年一周期不少于360学时的教师全员培训制度，如何把这一制度真正贯彻落实，是在执行层面需要重点考虑的问题。作者认为，应该在统一要求总学时的基础上制定分学科、分类别的教师专业发展标准，促进教师的专业成长。同时，尽快明确教师培训机构资质认证标准，制定教师培训管理办法和实施细则，建立教师培训课程标准和教师培训学分管理制度，在国家层面建立教师教育质量监控信息平台，定期发布教师培养培训质量监测数据。并且，把教师培训经费列入各级政府教育预算，解决高校由于经费原因缺乏对教师进行在职培训动力的问题。

6.2.2 构建教师教学评价体系，实施教师问责

建立基于全面、有效教学评估的教师问责制是解决上文所述的体制内教师教学效果欠佳的重要手段。开展内部问责的一个重要职能就是，通过考核问责来激发广大高校教师的教学热情和工作积极性。因此，要充分激发高校教师队伍的活力，就必须通过有效问责激发教师队伍活力，促进教师教学水平和课堂教学质量以及人才培养质量的提高。

通过实施教师问责让那些由于没有得到有效评价和激励而被

抑制的教师的教学水平得到充分和有效的释放。"向管理要效率，向管理要质量"，国家和各级地方以及各高校的教育管理部门都要健全管理制度，构建科学完善的教师评价体系，在给予教师真实合理的评价之后，进行明确有效的奖惩和激励，实施真正的教师问责，全面激发教师队伍的生机活力。目前，全球范围内高校普遍采用学生主观评教打分作为教师教学效果评价的依据，其合理性已有质疑，基于学业成绩的增值评估法正逐渐向大学教师教学评估领域蔓延。本书与斯科特和詹姆斯（Scott E. Carrel & James E. West，2010）同样研究了基于学业成绩的教师增值评估和学生评教，但结论截然相反——语言类课程学生评教和教师长期影响基本一致，学生评教可能是考核教师的合适指标；理工科课程学生评教和教师长期影响是负向联系，学生评教不能用来考核教师。这表明，不同类型学校乃至不同学科都有其自身特点，学界对这一领域的认识还十分有限，如何基于完善有效的教学评价体系实施教师问责，需要谨慎对待。但对任课教师的教学水平给予及时、客观、真实、合理的评价和激励是促进教师提升教学水平、提高教学质量的基础，是开展有效教师问责的前提，这是不争的事实。因此，这个评价体系的质量高低直接影响了教师问责的有效性。

在国外高校的教学管理活动中，对教师教学效果进行评价是一项经常性的工作，通常由学生、同行、领导等多方面评价共同组成。一般来讲，教育发达国家的教师教学评价体系通常具备以下特征：

（1）能够反映素质教育和以学生为本的教育思想；

（2）指向评价目的，即让教师在了解学生学习状况的基础上，找出自身存在的问题并给予纠正，总结教学经验；

（3）能够体现一些基本的高校教学原则，要具有灵活性；

（4）既强调教师教学共性，也重视凸显教师的教学个性；

（5）有对教师教学效果的量化测算，衡量学生是否通过学习取得了进步；

（6）要贯彻"教学相长"的教育规律。

在学习借鉴国外先进经验的基础上制定出适合我国国情的教师评价体系，应注意以下几点：

1. 指标体系要尽可能使教师评价结果体现科学性和客观性

教师教学评价是一个价值判断过程，是受教育的主体对任课教师教学过程的主观评价，是对任课教师教学效果通过受教育主体的感受在评价指标体系中做出的呈现和反映。指标体系是教育价值观的具体体现，是对教育质量的规定和对各项教育教学活动的要求。过分笼统的指标体系不能全面反映教师的教学信息，而只能得出某教师好、一般、较差等较为模糊的判断；而过分细化的指标体系不能很好地涵盖不同学科和专业对课程和教师教学评价的不同要求。因此，要客观反映教师教学效果，就要求指标体系既不能过分笼统，也不能过分细化。这是客观评价的内在要求和前提条件。因此，要通过全面调研和深入研讨来构建科学完善的教师教学评价指标体系，并根据调研和研讨结果确定相应的权重及评价标准，把价值的取向和认识统一于评价指标体系之中，这样才能便于评价者从实际出发，实事求是地进行评价，从而提高学生对教师教学评价的科学性和客观性。

2. 评价体系要注意信息的全面性和独立性

教师的教学效果是多因素信息的综合反映，这就要求一套完整的指标体系中既包括量化指标又包括质性评价的指标，以全面地反映教师的教学水平。结合本书的研究来看，量化指标应该是体现教育增值的数据形式，可以由专门的教学评价机构负责实施，而进行质性评价的主体是广大选课学生。这两个方面的评价指标的加总要尽可能全面地反映教师教学信息，同时又要尽可能保持这两类评价指标在逻辑上的并列关系，避免指标的高度相关，抓住反映教师教学的主成分指标，达到主观与客观的统一，增强指标体系的全面性和独立性。

3. 评价体系要具有操作性和可行性

指标体系的设计要求指标内容和形式较为简化，同时要注意数据的可得性，便于教师教学评价的组织实施部门进行操作和管理者进行数据统计和分析，避免过于复杂的文字表述和量化方法，使得教师教学评价工作切实可行。

6.2.3　推进高校人事制度改革

本书研究结论显示，外聘教师不论是在教育增值评价还是在学生评教评价中都具有明显优势。有鉴于此，以构建和完善外聘教师聘用和考核制度为抓手推进高校人事制度改革具有较强的可行性。

由于存在上文提到的市场化和"科研 GDP"竞赛的现实背景，课程教师聘用制度和教师考核制度改革是提升高等教育教学质量的关键所在。随着市场化在大学教育过程中的渗透程度逐步增加，大学教师作为最重要的高等教育生产要素向有着高回报率的工作任务流动。若这一趋势无法逆转，如何应对市场化对高校教学的冲击？解铃还须系铃人，通过市场化途径聘请专业化、有经验的代课教师，承担部分公共课乃至专业公共课的教学任务，让本校全职在编教师将有限的教学投入集中于可替代性差以及专业性更强的重要课程。外聘课程教师教学效果良好，只要选聘得当，可以作为市场化背景下高校教师人力资源的一种有效补充。目前，在北京、上海等高校比较集中的大城市，高校代课教师劳动力市场已经粗具规模，许多重点大学也参与其中[①]。但是学界对高校代课教师劳动力市场的认识和实证研究还十分有限，因此，针对外聘教师的甄别、筛选、考核和激励等方面的具体建议还需要进一步的研究。

---

① 某知名英语教育培训机构曾联系 A 大学，希望承担该校全部公共英语课程教学。不过出于人才培养的稳健性考虑，该高校拒绝了与其开展相关合作，但从该机构提供的合作院校列表中可以看到很多重点大学的名字。

参考文献

安东·尼罗尔：《关于教育生产效率研究的思考》，《教育研究》2007年第3期，第51~59页。

白玥：《当代劳动力参与水平和模式变动分析》，浙江大学博士学位论文，2012。

蔡永红、林崇德：《同事评价教师绩效的结构验证性因素分析》，《心理发展与教育》2004年第1期，第38~42页。

褚葵花：《身心一统　教学相长　服务社会》，《科教文汇》（上旬刊）2012年第1期，第10~27页。

崔昌宏：《普通中学教学评价与学业成绩预测问题研究》，西南交通大学硕士学位论文，2008。

丁梅芳：《PCA法在学生成绩分析中的应用》，《理工高教研究》2003年10月第22（5）期，第71~74页。

丁延庆、薛海平：《高中教育的一个生产函数研究》，《华中师范大学学报》（人文社会科学版）2009年第2期，第122~128页。

丁月：《对高等教育问责制的认识与思考》，《吉林省教育学院学报》2009 年第 25（10）期，第 18～19 页。

郭虎：《在全区提高高等教育质量工作会议上的讲话》，《宁夏教育》2012 年第 6 期，第 5～7 页。

《国家中长期教育改革和发展规划纲要（2010～2020 年）》，《宁夏教育》2010 年第 9 期，第 6～20 页。

胡咏梅、杜育红：《中国西部农村初级中学教育生产函数的实证研究》，《教育与经济》2008 年第 3 期，第 1～7 页。

胡咏梅、卢珂：《教育资源投入对学生学业成绩的影响力评价》，《教育学报》2010 年 12 月第 6（6）期，第 67～76 页。

李翠华：《让教书育人的楷模之花在校园绽放》，《中小企业管理与科技》（下旬刊）2012 年第 12 期，第 209 页。

李芳、袁连生：《高校问责制的国际比较及对我国高校评价模式改革的启示》，《湖南师范大学教育科学学报》2013 年第 4 期，第 66～69 页。

梁文艳、杜育红：《基于学生学业成绩的教师质量评价》，《北京大学教育评论》2011 年 7 月第 9（3）期，第 105～120、191 页。

梁文艳：《教师对学生学业成就影响的增值性评价——基于西部五省区农村中小学的实证研究》，北京师范大学博士学位论文，2010。

林光彬、张苏、樊彬彬：《大学生评价教学质量的逻辑》，《教育研究》2012 年第 10 期，第 93～98 页。

刘芳卉：《基于美国 NSSE 的高等教育质量评估案例分析》，

《教书育人》2011 年第 21 期，第 54～55 页。

刘国权：《高校扩招后师资短缺问题对策探讨》，《现代大学教育》2002 年第 1 期，第 83～85 页。

刘莉等：《大学排行对大学发展的价值分析》，《科学学与科学技术管理》2004 年第 1 期，第 56～58 页。

刘延东：《全面提高高等教育质量必须坚持改革创新》，http：//www. gov. cn/ldhd/2012－03－23/content＿2098846. htm，2012－03－23。

刘延东：《深化高教改革　推动高等教育的内涵式发展》，http：//www. gov. cn/ldhd/2012－05/16/content＿2138330. htm，2012－05－16。

《刘延东在全面提高高等教育质量工作会议上强调：以人才培养为中心　以改革创新为动力　全面提高高等教育质量》，http：//www. moe. gov. cn/publicfiles/business/htmlfiles/moe/moe＿838/201203/132981. html，2012－03－23。

柳亮：《大学信任与高等教育问责》，《新华文摘》2010 年第 13 期，第 124～127 页。

龙宗智：《高校本科教学水平评估反思》，《四川大学学报》（哲学社会科学版）2009 年第 1 期，第 5～11 页。

陆卫东：《利用生产函数测量教育对经济增长的贡献》，《宜春学院学报》（自然科学）2006 年 4 月第 28（2）期，第 47～49 页。

马晓强、彭文蓉：《学校效能的增值评价——对河北省保定市普通高中学校的实证研究》，《教育研究》2006 年第 10 期，第

77 ~ 84 页。

牛月蕾：《美英中小学增值评价研究》，湖南大学硕士学位论文，2012。

任春荣：《教育公平视角下的学校效能评价》，《教育导刊》2007 年第 9 期，第 53 ~ 55 页。

宋华、刘林艳、李文青：《企业国际化、供应链管理实践与企业绩效关系——基于中国上市公司面板数据的研究》，《科学学与科学技术管理》2011 年第 10 期，第 142 ~ 151 页。

孙志军、刘泽云、孙百才：《家庭、学校与儿童的学习成绩——基于甘肃省农村地区的研究》，《北京师范大学学报》（社会科学版）2009 年第 5 期，第 103 ~ 115 页。

汪开寿：《论江泽民青少年思想品德教育的理论创新》，《淮北职业技术学院学报》2003 年第 4 期，第 41 ~ 42 页。

王爱平、许燕：《教师能力和个性特征与教学效果和学业成绩关系的研究》，《高等理科教育》2008 年第 6 期，第142 ~ 145 页。

王家关、戴海琦、王家荣：《教育增值评估的模型构建—以某市三十所高级中学　语文评估为例》，《考试研究》2010 年 1 月第 6（1）期，第 73 ~ 91 页。

王玲、施建军：《特色立校　内涵发展——对外经济贸易大学建设国际知名有特色高水平大学的实践与探索》，《中国教育报》2011 年 9 月第 20（4）期。

王宣民：《高等学校创新能力提升计划》（2011 计划）专题，http：//blog. sina. com. cn/s/blog_ 570d193f01010yof. html，2012 - 04 - 04。

王战军：《中国高等教育评估实践的问题及对策》，《清华大华教育研究》2004 年第 6 期，第 60～65 页。乌尔里希·泰希勒：《高校扩招背景下欧洲高等教育与劳动力市场关系的变化趋势》，《北京大学教育评论》2012 年 1 月第 10（1）期，第 61～71 页。

吴康宁：《反思我国教育改革的舆论支持》，《湖南师范大学教育科学学报》2012 年第 2 期，第 5～9 页。

吴丽华、罗米良：《以学生学习成效为主的美国高校评估模式之借鉴》，《教育探索》2009 年第 5 期，第 136～137 页。

肖伟、张婷：《发展知识生产力：高等教育创新的战略任务》，《煤炭高等教育》2008 年 5 月第 26（3）期，第 32～34 页。

徐丹、牛月蕾：《教育增值评价先行者——美国田纳西州教育增值评价模式解析》，《教育科学》2012 年 2 月第 28（1）期，第 83～87 页。

徐丹、牛月蕾：《行走于教育公正之途——美、英、中三国教育增值评价的研究与实践》，《当代教育论坛》2013 年第 4 期，第 71～76 页。

许霆：《提高质量是高等教育的生命线》，《群众》2011 年第 12 期，第 78～79 页。

薛海平：《教育分权管理制度对农村中小学学生数学成绩影响实证研究》，《教育科学》2010 年 8 月第 26（4）期，第 26～36 页。

薛海平、闵维方：《中国西部教育生产函数研究》，《教育与经济》2008 年第 2 期，第 18 ~ 25 页。

薛海平、王蓉：《农村义务教育分权管理制度对教育质量影响实证研究——基于湖北、江苏两省中小学校的调查》2010 年 8 月第 6（4）期。

薛萍萍：《关于教育公平与学校效能的思考》，《黑龙江教育学院学报》2008 年第 9 期，第 35 ~ 36 页。

杨德广：《如何评判我国高教发展改革中的几个问题——与杨东平教授商榷》，《江苏高教》2011 年第 5 期，第 7 ~ 12 页。

杨德广：《用科学发展观引领我国高等教育健康持续地发展》，《现代大学教育》2005 年第 5 期，第 1 ~ 6 页。

《STATA 与面板数据回归》，http：//wenku. baidu. com/view/50f6ff23bcd126fff7050b7f. html，2012 - 12 - 20。

曾令发：《高校教学过程中有效教学的策略探析》，《现代企业教育》2010 年第 12 期，第 219 ~ 220 页。

张亮：《我国中小学学校效能评价研究的最新进展》，《山东师范大学学报》（人文社会科学版）2010 年第 3 期，第 70 ~ 73 页。

张亮、张振鸿：《学校"增值"评价的内涵与实施原则》，《当代教育科学》2010 年第 10 期，第 7 ~ 8 页。

郑珺、蒲俊梅、吴庆：《高校债务问题：制度分析、美国启示及管理策略》，《观点》2011 年 10 月第 28 期，第 60 ~ 61 页。

朱永新：《新时代需要新教师》（三），《新教师》2012 年第 3 期，第 4 ~ 5 页。

Abell Peter. History，"Case Studies，Statistics，and Causal

Inference," *European Sociological Review*, 2009, 25 (5): 561 –567.

Advisory Committee for the Public Schools Accountability Act of 1999, Descriptive Statistics and Correlations Tables for California's 2000 School Characteristics Index and Similar Schools Ranks, 2001 Supplement to PSAA Technical Report 00 –1, 2001, 1.

Anderson T. W. , Hsiao Cheng, "Formulation and Estimation of Dynamic Models Using Panel Data," *Journal of Econometrics*, 1993, 18 (1): 185 –220.

Angela, Ann Cale Kruger, "Teacher Beliefs and Student Achievement in Urban Schools Serving African American Students," *The Journal of Educational Research*, 99. 2 (Nov/Dec 2005): 87 – 98.

Angrist Joshua, Lavy Victor, Schlosser, Analia, "New Evidence on the Causal Link Between the Quantity and Quality of Children," IZA Discussion Papers, 2006.

A. Rafael Richardson, *An Examination of Teacher Qualifications and Student Achievement in Mathematics*, Alabama: Auburn University, 2008.

Bressoux, P. , "The Effect of Teachers' Training of Pupils' Achievement: The Case of Elementary Schools in France," *School Effectiveness and School Improvement*, 1996 (3) .

Buddin Richard, Zamarro Gema, "Teacher Qualifications and Student Achievement in Urban Elementary Schools," *Journal of Urban Economics*, 2009, 66 (2): 103 –115.

California Department of Education, 2011 – 2012 Academic Performance Index Reports, 2012, 5.

Charles T. Clotfelter, Helen F Ladd, Jacob L. Vigdor, "How and Why do Teacher Credentials Matter for Student Achievement?" National Center for Analysis of Longitudinal Data in Education Research, Working Paper 2, March, 2007.

Chaudhry Noureen Asghar, Arif Manzoor, "Teachers' Nonverbal Behavior and Its Impact on Student Achievement," *International Education Studies*, 2012, 5 (4): 56 – 64.

Christopher M. Bishop, *Pattern Recognition and Machine Learning*, 2006.

ChudgarAnnta, SankarVyjayanthi, *The Relationship Between Teacher Gender and Student Achievement: Evidence from Five Indian States*, Routledge, 2008, 38 (5): 627 – 642.

Chudgar Annta, Sankar Vyjayanthi, "The Relationship Between Teacher Gender and Student Achievement: Evidence From five India States ," Compare 38. 5 (Oct 2008): 627.

Clotfelter Charles T. Ladd, Helen F. Vigdor, Jacob L. , "How and Why do Teacher Credentials Matter for Student Achievement," *National Bureau of Economic Research*, 2007.

Clotfelter Charles T. Ladd, Helen FVigdor, Jacob L. , *How and Why do Teacher Credentials Matter for Student Achievement*, National Bureau of Economic Research, 2007.

Cohen D. K. , Hill H. , "Instructional Policy and Classroom

Performance: The Mathematics Reform in California," *The Teachers College Record*, 2000, 102 (2), 294 – 343.

Cooper, H. , *Homework*. *White Plains*, New York: Longman, 1989.

Cooper H. , Valentine J. , "Relationships Between Five after School Activities and Academic Achievement," *Journal of Educational Psychology*, 2001, 91 (2): 369 – 378.

Currie J. , Thomas D. , "Does Head Start Make a Difference," *American Economic Review*, 85, 1995: 341 – 64.

Dale Fortner, "Assessing Teaching Skills Linked to Student Achievement in Candidate Teachers During the Teacher Hiring Process," Walden University, 2011.

Darling-Hammond, L, Youngs, P. Defining, "Highly Qualified Teachers: What does Scientifically-based Research Actually Tell Us," *Educational Researcher*, 2002 (9) .

David Armor, Particia Conry-Oseguera, *Analysis of the School Preferred Reading Program in Selected Los Angeles Minority Schools*, Rand Corporation, 1976, 8.

David Armor, Particia Conry-Oseguera, "Analysis of the School Preferred Reading Program in Selected Los Angeles Minority Schools," Rand Corporation, August 1976.

David H. Autor, "Why do temporary help firms provide free general skills training," *The Quarterly Journal of Economics*, 2001 (4).

David N. ASPY, "The Effect of Teachers Inferred Self-Concept

Upon Student Achievement," *The Journal of Educational Research*, Vol. 68, No. 10 (Jul-Aug. 1975), pp. 386 – 389.

David N. Figlio, Van W. Kolpin, William E. Reid, "Do States Play Welfare Games," *Journal of Urban Economics*, 1999, 46 (3): 437 – 454.

David N. , "The Effect of Teachers Inferred Self-Concept Upon Student Achievement," *The Journal of Educational Research*, 1975, 68 (10): 386 – 389.

Dee, Thomas S, Cohodes, Sarah R, "Out-of-Field Teacher and Student Achievement," *Public Finance Review* 36. 1 (Jan 2008): 7.

Dee Thomas S. , Cohodes Sarah R. , "Out-of-Field Teachers and Student Achievement Evidence from Matched-Pairs Comparisons," *Public Finance Review*, 2008, 36 (1): 7 – 32.

Dee Thomas S. , "Teachers and the Gender Gaps in Student Achievement," *The Journal of Human Resources*, 2007, 42 (3): 528 – 554.

Donald Boyd, Pamela Grossman, Hamilton Lankford, Susanna Loeb, James Wyckoff, "How Changes in Entry Requirements Alter the Teacher Work Force and Affect Student Achievement?" Nov. 2005.

Douglas N. Harris, Tim R. Sass, "Teacher Training, Teacher Quality and Student Achievement," *Journal of Public Economics*, 2011, 95 (7): 798 – 812.

Ehrenberg Ronald G, Ehrenberg Randy A. , "School District Leave Policies, Teacher Absenteeism, and Student Achievement," *The Journal of Human Resources*, 1991, 26 (1): 72 – 105

Eric A. Hanushek, "Assessing the Effects of School Resources on Student Performance: An Update," *Educational Evaluation and Policy Analysis*, Sumer 1997, 19 (2): 141 – 164.

Eric A. Hanushek, "Assessing the Effects of School Resources on Student Performance: An Update," *Educational Evaluation and Policy Analysis*, *Sumer* 1997, Vol. 19, No. 2, pp. 141 – 164.

Eric A. Hanushek, Steven G. Rivkin, "Generalizations about Using Value-Added Measures of Teacher Quality," *American Economic Review*, 2006, 100 (2): 267 – 71.

Eric P. Bettinger, Bridget Terry Long, "Addressing the Needs of Underprepared Students in Higher Education: Does College Remediation Work," *Journal of Human Resources*, 2009, 44 (3).

Francis L. Huang, Tonya R. Moon, "Is Experience the Best Teacher? A Multilevel Analysis of Teacher Characteristics and Student Achievement in Low Performing Schools," *Educational Assessment, Evaluation and Accountability*, 2009, 21 (3): 209 – 234.

Glewwe, Paul, Ilias Nauman, Kremer Michael, "Teacher Incentives," NBER Working Paper, 2003.

Glewwe, Paul, Michael Kremer, *Schools, Teachers and Education Outcomes in Developing Countries*, Center for International Development at Harvard University, 2005.

Goddard Yvonne L, Goddard Roger D. , Tschannen-Moran Megan, "A Theoretical and Empirical Investigation of Teacher Collaboration for School Improvement and Student Achievement in Public Elementary Schools," *Teachers College Record*, 2007, 109 (4): 877 – 896.

Goldman Ruth K, Botkin Meryl J, Tokunaga Howard, Kuklinski Margaret, "Teacher Consultation: Impact on Teachers' Effectiveness and the Students' Cognitive Competence and Achievement," *American Journal of Orthopsychiatry* 67. 3 (July 1997): 374 – 384.

Goldman Ruth K. , Botkin Meryl J. , Tokunaga Howard, "Teacher consultation: Impact on teachers' effectiveness and students' cognitive competence and achievement," *American Journal of Orthopsychiatry*, 1997, 67 (3): 374 – 384.

Haberman Martin, "Predicting the Success of Urban Teachers," *Action in Teacher Education*, 1993, 15 (3): 1 – 5.

Haberman Martin, "Selecting 'Star' Teachers for Children and Youth in Urban Poverty," *Phi Delta Kappan*, 1995, 76 (10): 77 – 81.

Hanushek E. A. , "Teacher Quality," in Lance T. Izumi and Evers M. Williamson, eds. , *Teacher Quality*, Hoover Press, 2002.

Hanushek E. , Kain J. , O'Brien M. , Rivkin S. , "The Market for Teacher Quality," BBER Working Paper, 2004.

Hanushek, Eric. A. , "The Trade-off Between Child Quantity

and Quantity," *Journalof Political Economy*, 1992, 100 (1): 84 – 117.

Heather Woltman, Andrea Feldstain, J. Christine MacKay, Meredith Rocchi, "An Introduction to Hierarchical Linear Modeling," *Tutorials in Quantitative Methods for Psychology*, 2012, 8 (1): 52 – 69.

Heckman J. J., Masterov D. V., "The Productivity Argument for Investing in Children," National Bureau of Economic Research Working Paper, 2007.

Holland P. W, Rubin D. B., "On Lord's Paradox," in Wainer and Messick (Eds.), *Principles of Modern Psychological Measurement*, Hillsdale, NJ: Lawrence Erlbaum, 1983.

Iacus Stefano M., Porro Giuseppe, "Teachers' Evaluations and Students' Achievement: A 'Deviation from the Reference' Analysis," *Education Economics*, 2011, 19 (2): 139 – 159.

Jacob B, Lefgren L., "Principals as Agents: Subjective Performance Measurement in Education," National Bureau for Economic Research Working Paper, 2005.

James H. Stronge, Thomas J. Ward, Pamela D. Tucker, Jennifer L. Hindman, "What is the Relationship Between Teacher Quality and Student Achievement? An Exploratory Study," J Pers Eval Edu (2007) 20: 165 – 184.

Jepsen C., "Teacher Characteristics and Student Achievement: Evidence from Teacher Surveys," *Journal of Urban Economics*, 2005.

Jonah Rockoff, "Does Mentoring Reduce Turnover and Improve Skills of New Employees? Evidence from Teachers in New York City," Columbia Business School, Feb. 2008.

Jones Randal E. , "Teacher Participation in Decisionmaking—Its Relationship to Staff Morale and Student Achievement," *Education*, 1997, 118 (1): 76 – 83.

Joseph A. Martineau, "Distorting Value Added: The Use of Longitudinal, Vertically Scaled Student Achievement Data for Growth-Based, Value-Added Accountability," *Journal of Educational and Behavioral Statistics*, 2006, 31 (1): 35 – 62.

Judith A. Langer, "Excellence in English in Middle and High School: How Teachers' Professional Lives Support Student Achievement," *American Educational Research Journal Summer*, 2000, 37 (2): 397 – 439.

Julia Kathryn Carpenter, "An Exploratory Study of the Role of Teaching Experience in Motivation and Academic Achievement in a Virtual Ninth Grade English I Course," University of Florida, 2011.

Kane T. J. , Staiger D. O. , "Improving School Accountability Measures," Working Paper 8156, National Bureau of Economic Research, 2001.

Karmenlita L. Stevens, "A Study of Teacher Retention and Academic Performance in Public Elementary and Middle Schools in Georgia," South Carolina State University, 2009.

Leonard D. Goodstein, Richard I. Lanyon, "Applications of

Personality Assessment to the Workplace: A Review," *Business and Psychology*, 1999, 13 (3): 291 – 322.

Leslie, David W., Gappa, Judith, "The Part-Time Faculty Advantage," *Metropolitan Universities: An International Forum*, 1995, 6 (2): 91 – 102.

Lima, A. K., "An Economic Model of Teaching Effectiveness," *American Economic Review*, 1981, 5.

Lin Tin-Chun, "Teacher Salaries and Student Achievement: The Case of Pennsylvania," *Applied Economics Letters*, 2010, 17 (6): 547 – 550.

Love Angela, Kruger Ann, "Teacher Beliefs and Student Achievement in Urban Schools Serving African American Students," *The Journal of Educational Research*, 2005, 99 (2): 87 – 98.

Marie Vunda Pashi, "A Study of the Relationship Between Teacher Turnover and Early Childhood Learning Outcomes in Literacy," Cincinnati, Ohio: Union Institute & University, 2010.

Marsh H., "Students' Evaluations of University Teaching: Ratings of Teachers, Universities and Departments," University of Oxford, 2004.

Metzger, Scott Alan, Wu Meng-Jia, "Commercial Teacher Selection Instruments: The Validity of Selecting Teachers Through Beliefs, Attitudes, and Values," *Review of Educational Research*, 2008, 78 (4): 921 – 940.

Noell G, Burns J., "Value-Added Assessment of Teacher

Preparation : An Illustration of Emerging Technology," *Journal of Teacher Education*, 2006, 57 (1): 37 – 50.

Nye Barbara, Konstantopoulos Spyros. " How Large are Teacher Effects," *Educational Evaluation and Policy Analysis*, 2004, 26 (3): 237 – 257.

Palardy G. J. , Rumberger R. W. , "Teacher Effectiveness in First Grade: The Importance of Background Qualifications, Attitudes, and Instructional Practices for Student Learning," *Educational Evaluation and Policy Analysis*, 2008, 2.

Palardy G. J. , Rumberger R. W. , Teacher Effectiveness in First Grade: The Importance of Background Qualifications, "Attitudes, and Instructional Practices for Student Learning," *Educational Evaluation and Policy Analysis* 2008 (2) .

Paul T. Decker, Daniel P. Mayer, Steven Glazerman, "The Effects of Teach for America on Students: Finding from a National Evaluation," Mathematica Policy Reaserch Inc. , June 9, 2004.

Pedro Carneiro, " Equality of Opportunity and Educational Achievement in Portugal," *Portuguese Economic Journal*, 2008, 7 (1): 17 – 41.

Rogosa David, " Myths and Methods about Longitudinal Research Plus Supplemental Questions," *Journal of Research in Crime and Delinquency*, 2003, 40 (4): 374 – 402.

Rolison Michael A. , Medway Frederic J. , " Teachers' Expectations and Attributions for Student Achievement: Effects of

Label, Performance Pattern, and Special Education Intervention," *American Educational Research Journal*, 1985, 22 (4): 561 – 573.

Ronald G. Ehrenberg, "Involving Undergraduates in Research To Encourage Them To Undertake Ph. D. Study in Economics," *American Economic Review*, 2005, 95 (2): 184 – 188.

Rosenthal R. , Jacobson L. , *Pygmalion in the Classroom: Teacher Expectations and Pupils' Intellectual Development*, 1968.

Rothstein Jesse, "Student Sorting and Bias in Value-added Estimation: Selection on Observables and Unobservables," *Education*, 2009, 4 (4): 537 – 571.

Rothstein Jesse, "Teacher Quality in Educational Production: Tracking, Decay, and Student Achievement," *The Quarterly Journal of Economics*, 2010, 125 (1): 175 – 214.

Rowan B. , Chiang F. S, Miller R. J. , "Using Research on Employees' Performance to Study the Effects of Teachers on Students' Achievement," *Sociology of Education*, 1997, 4.

Rowan, Brian, Fang-Shen, Chiang, Miller, Robert J. , "Using Research on Employees' Performance to Study the Effects of Teachers on Students' Achievement," *Sociology of Education*, 1997: 256 – 284.

Sandra L. Andrews, "Impact of Teacher Qualification on Student Achievement at the Elementary and Middle School Levels," MED, Liberty University, 2010.

Scherer, M. , *Improving the quality of the teaching force: A conversation with David C. Berliner* , Educational Leadership, 2001, 8.

Schoen Harold L. , Cebulla Kristin J. , "Teacher Variables That Relate to Student Achievement When Using a Standards-based Curriculum," *Journal for Research in Mathematics Education*, 2003, 34 (3): 228 – 259.

Scott E. Carrell, James E. West, "Does Professor Quality Matter? Evidence from Random Assignment of Students to Professors," *Journal of Political Economy*, 2010, vol. 118: 406 – 432.

Stephen Gorard, "Yet Another Perspective: A Response to Connolly," *British Journal of Educational Studies*, 2006, 54 (4): 471 – 475.

Stigler J. W. , Hiebert J. , *The Teaching Gap: Best Ideas from the World's Teachers for Improving Education in the Classroom*, New York: The Free Press, 1999.

Stronge, J. , *Qualities of Effective Teachers*, Alexandria: Association for Supervision and Curriculum Development, 2002.

Stronge J. , *Qualities of Effective Teachers*, Alexandria, VA: Association for Supervision and Curriculum Development, 2002.

Tahir Andrabi, Jishnu Das, Asim Ijaz Khwaja, Tristan Zajonc, "Do Value-Added Estimates Add Value?" Accounting for Learning Dynamics: HKS Faculty Research Working Paper Series. 2009, 10.

Tekwe C. D. , "An Empirical Comparison of Statistical Models for Value-Added Assessment of School Performance," *Journal of Educational and Behavioral Statistics*, 2004, 29 (1): 11 – 36.

Thomas J. Kane, Douglas O. Staiger, Jeffrey Geppert, "Assessing the Definition of 'Adequate Yearly Progress' in the House and Senate Education Bills," 2001, 7.

Thomas S. Dee, "A Teacher Like Me: Does Race, Ethnicity, or Gender Matter?" *American Economic Review*, 2005, 95 (2): 158 – 165.

Thomicroft K. W. , "Teacher Strikes and Student Achievement: Evidence from Ohio," *Journal of Collective Negotiations in the Public Sector*, 1994, 23 (1): 27 – 27.

Wright, P. S. Horn, W. Sanders. , "Teachers and Classroom Heterogeneity: Their Effects on Educational Outcomes," *Journal of Personnel Evaluation in Education*, 1997 (1) .

Zhang L. F. , "Does Student-Teacher Thinking Style Match/ Mismatch Matter in Students' Achievement," *Educational Psychology*, 2006, 26 (3): 395 – 409.

后　记

行笔至此，心中颇多感慨。

有人说，写作的过程就是一个品味悲喜、痛并快乐的过程，对此，我深有感触并笃信不疑。在对自我的不断肯定与否定中，文章的轨迹慢慢铺陈开来，所谓螺旋式上升或许说的就是这个过程吧！从选题到构思，从数据收集到模型确立，从计量分析到政策建议，每一步都凝结着思考的汗滴，其中的酸甜苦辣，唯有经历方能体会。但是，当这本书最终忐忑地呈现在自己面前的时候，虽然明知还有许多不尽如人意的地方，但依然有一种无法言表的亲近之感和喜爱之情涌上心头。

闭目沉思，细细回顾书稿的每个篇章，为自己和辛苦读到这里的读者做出如下一些小结，希望今后能有幸与志同道合的前辈和同人在这个领域共同开展后续的研究和探讨。

本书以高校实际数据为样本进行分析，数据来源真实可靠，得益于此，本书在以下几个方面有所创新：

（1）利用教育生产函数在我国高等教育领域开展的实证研

究数量十分有限，本书利用实际的高校教学运行数据进行的实证分析在一定程度上弥补了国内相关研究的缺失。

（2）样本的选择满足师生匹配的完全随机性，弥补了教育经济学领域利用随机效应模型研究教育投入—产出问题的欠缺。教育经济学中增值模型框架下对教师要素投入—产出的研究大多使用固定效应模型，而本书所采用的随机效应模型的估计在有效性上显然略胜一筹。

（3）从教师类型角度研究教师要素对学生学业效果的影响在已有研究中比较少见。教师要素的实证分析基本上都是从教师学历、性别、种族、年龄、教学方法、布置作业情况等方面进行的，而从教师类型角度开展的实证研究却并不多，因此，本书在一定程度上完善和充实了本领域的研究内容。

（4）从学生学业成绩和学生评教两个视角开展研究具有比较完备的全面性。本书中既有反映客观结果的学生学业成绩，又有呈现主观体验的学生评教结果，这两个互相补充的视角为更加全面地描述不同教师类型对学生学业效果的影响提供了一定的优势，使得本书研究和其他相关的研究相比更加完备。

（5）将教师影响在短期、中期和长期展开讨论，有利于观测到趋势性的规律。由于本书数据具有时间上的跨越性，为利用面板数据模型提供了可能，通过研究教师要素在三个时期的差异，更加有利于分析这种影响的趋势性规律。

（6）规范的研究流程为我国教育经济学的实证研究提供了借鉴。本书借鉴了国外教育经济学领域相关实证研究的最新研究范式、框架和逻辑结构，并在书中做了详细的解析，这为我国还处于起步期的教育经济学实证研究提供了借鉴的目标。

然而，通过对本书研究框架进行深入分析，作者也发现本书研究还存在着以下不足之处：

（1）样本时间跨度不够长，挥发性的研究不够透彻。本书数据中学生样本取得各种考试成绩的时间跨度为四个学期，这对于研究教师类型对学生学业效果影响的挥发性来说略显不足，特别是这种挥发性的长期规律性还需要在更长的时间跨度内研究，才能使得规律的呈现更加明晰和有说服力。

（2）从学科门类上说，研究样本属于语言学，使得研究结论具有局限性。本书研究与斯科特和詹姆斯（Scott. E. Carrel & James E. West，2010）的研究结论并不一致，虽然根据学科特点分析这种不同极可能是由于学科门类的不同造成的，但要想全面研究教师要素在不同学科中对学生学业的影响方式，该研究结论显然存在一定的局限性。

（3）后续课程师生匹配的非随机性带来了样本损失，这在一定程度上使得研究中关于教师短期影响结论的论证不够充分。由于后续的课程属性都属于公共选修课，不满足随机效应模型中对师生匹配的随机性要求，因此，在数据筛选的过程中就存在比较严重的样本损失，使得在衡量教师类型短期影响的时候缺乏相关后续课程的论证，从这一点来说，本书短期影响的结论稍显单薄。

本书的撰写为作者在教师评价、教育增值等领域开展深入的持续研究开启了一扇探索之门，结合本书研究过程，作者打算今后在以下方面进行后续的挖掘和分析：

（1）对不同类型教师进行教学成本核算。从学校层面来看，不同类别的教师在完成相应教学任务的同时，学校为此需要支付的费用并不相同，如何有效剔除其他费用的干扰，测算不同类别教师的教学成本将成为深入研究的下一个方向。

（2）全职在编教师职称数据库动态化研究。由于教师评定职称的时间并不相同，因此，衡量在职称评定前后教师对学生学业发展的影响是否存在差异也是一个十分重要和有现实意义的问题。

（3）在多学科门类中开展分析研究。由于不同学科领域中教师要素对学生学业效果的影响路径并不相同，因此，收集更多的学科门类样本数据并开展相关的实证研究，对全面了解教师类型的影响效应十分必要。

（4）构建教师对学生的评价指标，衡量师生评价的一致性。目前国内高校普遍存在学生评教的做法，这对于加强教学监控、提升教师的教学水平有很重要的意义，但由于教师对学生评价指标的缺失使得教师在教学过程中无法对学生的各种学习行为进行评判，从而不利于教学相长，也无法衡量不同的学生特征对教学效果的影响。因此，构建教师对学生评价体系并推动其实施也是现实需要的研究方向。

（5）助教培养制度研究。以讲师为代表的高校中青年教师教学水平的提高有赖于完善有效的助教培养制度，这里的助教不是职称，而是一种助推教学能力的制度设计，如何通过制度设计加强对中青年教师的培养是理论和现实的共同需求。

至此，本书的撰写基本上可以画上一个并不圆满的句号。回顾自己求学、工作的历程，点点滴滴涌上心头，想说的话很多，各种感激沉淀在心里，随着呼吸在身体里蔓延开来，于是有了这个抒情的后记。

对北京师范大学而言，我只不过是一个她连姓名都不知道的普通学生，但对于我，她却像故友家人般亲切。1999 年秋，未满 18 岁的我第一次来到北京，走进北京师范大学，带着满脸的稚气和青涩开启了自己的求学之旅，不知不觉，到 2006 年硕士研究生毕业时，我已在北京师范大学走过了七个年头，当年的外地丫头竟也变成了别人眼中的"师大人"，这个名号虽不足够响亮，在教育界却还备受认可。凭此，我得以进入对外经济贸易大学的教务处，算是给自己找了个安身立命的地方。本以为自己的北京师范大学旅程就此结束，于是，埋藏了自己那份深厚的师大情，开始了新一段的征程。

2008 年夏天的一个下午，北京市教委组织的专家组来对外经济贸易大学对市级教学示范中心进行评审，我们承担了接待讲解的任务，在专家的队伍中我赫然看到了沈越老师的身影，一阵强烈的亲切感涌上心头，就像我对沈老师所说，"就像出嫁的女儿见到了久违的娘家人"。与沈老师的重逢瞬间开启了我尘封的记忆，在北京师范大学学习、生活的点点滴滴一幕幕浮上心头。那个晚上，我辗转难眠，连自己都惊讶于对北京师范大学竟然还保持着那样一份深深的眷恋，这种情愫，今生难以割舍。虽然毕业后的我们还是习惯了在北京师范大学周边聚会，还是习惯吃喝玩乐之后在校园里溜达，但我从来没有想到自己的内心竟一直如此渴望重回北京师范大学。为了延续自己的师大梦，我萌生了考博的念头。终于，在"工作满三年后方可报考"的禁令到期后，我填报了心爱的北京师范大学，熟悉的经济学院，亲切的袁连生老师。在接下来备考的日子里，恰遇同事出国，身负全校教学运行重任的我只能孤军奋战，作为全教务处乃至全校最忙碌的工作岗位之一，加班加点成了我的家常便饭，周末也经常被各种考试的组织工作所占据。令人身心疲惫的工作之余，能有时间坐下来看看书已是奢侈。但浓浓的师大情结支撑、鼓励和带动着我，终于在同事们的诧异声中，时隔多年我再一次拿到了北京师范大学的录取通知书，开始了我在职攻读博士学位的里程。新生报到那天，走在校园里，我有意放慢自己的步子，感受与北京师范大学每一步的接触：昔日摇摆的主楼已被高耸的新主楼取代，原先科技楼 C 区三层的经济学院办公室也已搬至新址，五四纪念亭也早已不知去向，站在邱季端体育馆前，我看到的似乎还是破旧的科文厅和熟悉的学三、学四食堂，依稀闻到了老乐群餐厅鸡蛋炒河粉的香味……我的师大啊，我居然又能回来看你了！当年的经济学院已经变成了现在的经济管理学院，昔日的好友得知我回母校念书，总在聚会时或电话里问起我现在的母校有什么变化，问起学院每一位教过我们的老师，问起学校的食堂、宿舍，以及与我们过去有关的种种。

坦白讲，在职读书真的很辛苦，上课耽误的工作必须用其他的时间弥补回来，即便如此，我也从不逃课，每次坐在课堂上，看着自己昔日的老师们在讲台上的身影，我都会觉得自己在倾听故人娓娓道来，感觉就像在当年的课堂上一样，尽管能听明白的内容比过去少了许多。或许我是个过于怀旧的人，或许从 18 岁到 25 岁，我所有的青春记忆都已经深深地刻上了师大的烙印。

为了纪念这永不磨灭的师大情怀，赋诗一首：

源于上个世纪的爱恋，让我甘愿用一生浇灌。
幼稚无知的青涩少年，在你的怀中成长蜕变。
怎样的一种大爱无言，积淀出百年气宇非凡。
走近时如沐春风温暖，离开后思念夜不能眠。
学为人师与行为世范，是你赐予的金玉良言。
我珍藏于心默念千遍，生怕辜负了你的期盼。
时光无情苍老了容颜，对你的眷恋从未衰减。
把你的嘱托记在心间，就如同有你常伴身边。
前方的征途并不平坦，有你在旁就不会孤单。
生如夏花愿为你绚烂，祈福你辉煌岁岁年年！

我又一次求学师大的日子结束了，本书算是给自己学习生涯的一个交代。感谢我的导师袁连生教授，入师门至今十余载，所有过往历历在目，一切如昨。袁老师在教我做学问的同时还教会我如何做人，在人生最青春年少的日子，感谢恩师的指导与关怀。

感谢首都教育经济研究院的每一位老师：博学慈祥的王善迈老师、严谨务实的孙志军老师、亲切宽容的刘泽云老师，感谢他们在课堂上的精彩讲授和课下的悉心指导，引领我迈入教育经济学的探索之门。

感谢我最爱的父母、老公和女儿，是你们用最真最沉的爱撑起了我脸上的笑靥、坚定的信念和奋斗的力量，只要你们的身影在脑中闪过，话语在耳边响起，荡漾在心中的就是一股最让人踏实的暖流。

感谢单位的领导和同事，是你们的宽容体谅和理解支持成全了我求知的欲望和努力的方向，并让我在前进的路上不会孤单。

感谢我最亲爱的同门所给予的无私关爱与帮助，是你们让我在学校也能感受到家的味道。

站在又一个辞旧迎新的交汇点上，感谢和祝福以上所有我爱和爱我的人们，今生的相遇相伴唯有感恩和铭记，愿我们携手走过的日子永远延伸，没有尽头。

李　芳

2014 年 5 月于惠园

图书在版编目（CIP）数据

不同类型教师对高校学生学业效果的影响/李芳著.
—北京：社会科学文献出版社，2014.10
ISBN 978 - 7 - 5097 - 6679 - 8

Ⅰ.①不…　Ⅱ.①李…　Ⅲ.①高等学校 - 教师评价
Ⅳ.①G655.5

中国版本图书馆 CIP 数据核字（2014）第 248063 号

不同类型教师对高校学生学业效果的影响

著　　者 / 李　芳

出 版 人 / 谢寿光
项目统筹 / 王玉敏
责任编辑 / 沈　艺　　王玉敏　　张文静

出　　版 / 社会科学文献出版社·全球与地区问题出版中心（010）59367004
　　　　　　地址：北京市北三环中路甲 29 号院华龙大厦　邮编：100029
　　　　　　网址：www.ssap.com.cn
发　　行 / 市场营销中心（010）59367081　　59367090
　　　　　　读者服务中心（010）59367028
印　　装 / 三河市尚艺印装有限公司

规　　格 / 开　本：787mm×1092mm　1/16
　　　　　　印　张：10.75　字　数：116 千字
版　　次 / 2014 年 10 月第 1 版　2014 年 10 月第 1 次印刷
书　　号 / ISBN 978 - 7 - 5097 - 6679 - 8
定　　价 / 39.00 元